中华人民共和国
未成年人保护法

大字学习版

中国法制出版社
CHINA LEGAL PUBLISHING HOUSE

编辑说明

全民普法是全面依法治国的长期基础性工作。为方便广大读者学习法律法规，中国法制出版社全新编写了“法律法规大字学习版”丛书。在确保法律文本准确的基础上，对法条内容进行了必要的编辑加工，体例新颖，内容翔实，以帮助广大读者学习法律法规，真正让法律走到读者身边、走进读者心里。

本丛书的特点如下：

1. 大字醒目。正文法条内容通过双色印刷、大字号、宽行距等精心设计，版式疏朗，阅读顺畅，致力于为读者带来更佳的阅读体验。

2. 双色标注。对法条以双色、星级及波浪线等形式标注，既能有效消除读者对复杂、烦琐法条的畏难心理，又能帮助读者迅速把握法律法规的脉络。

3. 关联注释。在法条下方标注【相关法条】，方便读者查找翻阅关联内容，举一反三，融会贯通；同时对不易理解的法条，通过【注释】【生活小案例】【典型案例】【小测试】等版块设计，从立法背景、内容要义、实践应用等多维度帮助读者理解，力求帮助读者学懂弄通会用。

4. 实用图表。立足读者实际需求，以图表形式对所收录的法律法规重点内容进行总结提炼，贴近生活，通俗易懂，帮助读者更加直观地理解核心条款。

5. 电子增补。为了帮助读者随时掌握法律法规的最新动态，本丛书将适时进行电子增补，请读者登录中国法制出版社网站 http://www.zgfzs.com“出版服务”中的“资源下载”频道或者关注我社官方微信公众号“中国法制出版社”免费下载。

中国法制出版社

凡 例

简 称	全 称
村民委员会组织法	中华人民共和国村民委员会组织法
城市居民委员会组织法	中华人民共和国城市居民委员会组织法
反家庭暴力法	中华人民共和国反家庭暴力法
个人信息保护法	中华人民共和国个人信息保护法
广告法	中华人民共和国广告法
家庭教育促进法	中华人民共和国家庭教育促进法
教师法	中华人民共和国教师法
教育法	中华人民共和国教育法
劳动法	中华人民共和国劳动法
民法典	中华人民共和国民法典

续表

简　称	全　称
体育法	中华人民共和国体育法
社区矫正法	中华人民共和国社区矫正法
网络安全法	中华人民共和国网络安全法
宪法	中华人民共和国宪法
刑法	中华人民共和国刑法
义务教育法	中华人民共和国义务教育法
邮政法	中华人民共和国邮政法
预防未成年人犯罪法	中华人民共和国预防未成年人犯罪法
治安管理处罚法	中华人民共和国治安管理处罚法

目　　录

中华人民共和国未成年人保护法 …………………… 1

第一章　总　　则 ……………………………… 1

第 一 条　【立法目的和依据】 ……………… 1

第 二 条　【未成年人的定义】 ……………… 2

第 三 条　【未成年人平等享有权利】 ……… 2

第 四 条　【未成年人保护的基本原则和要求】 ……………………………… 4

第 五 条　【对未成年人进行教育】 ………… 5

第 六 条　【保护未成年人的共同责任】 …… 7

第 七 条　【监护人和国家在监护方面的责任】 ……………………………… 8

第 八 条　【发展规划及预算】 ……………… 8

第 九 条　【未成年人保护工作协调机制】 …… 8

第 十 条　【群团组织及社会组织的职责】 …… 9

第十一条　【检举、控告和强制报告制度】 … 10

第十二条　【科学研究】 ……………………… 13

第十三条　【统计调查制度】……13
第十四条　【表彰和奖励】……13
第二章　家庭保护……16
第十五条　【监护人及成年家庭成员的家庭教育职责】……16
第十六条　【监护职责】……17
第十七条　【监护禁止行为】……18
第十八条　【监护人的安全保障义务】……22
第十九条　【尊重未成年人的知情权】……23
第二十条　【监护人的报告义务】……23
第二十一条　【临时照护及禁止未成年人单独生活】……24
第二十二条　【设立长期照护的条件】……25
第二十三条　【设立长期照护的监护人的义务】……27
第二十四条　【父母离婚对未成年子女的义务】……27
第三章　学校保护……32
第二十五条　【全面贯彻国家教育方针政策】……32
第二十六条　【幼儿园的保育教育职责】……33

第二十七条　【尊重未成年人人格尊严，不得实施体罚】……………… 33
第二十八条　【保障未成年学生受教育权利】……………………… 35
第二十九条　【关爱帮扶 不得歧视】……… 36
第三十条　【社会生活指导、心理健康辅导、青春期教育、生命教育】…………………… 36
第三十一条　【加强劳动教育】…………… 37
第三十二条　【反对浪费 文明饮食】……… 37
第三十三条　【保障未成年学生休息权】…… 38
第三十四条　【学校、幼儿园的卫生保健职责】…………………… 40
第三十五条　【保障未成年人校园安全】… 41
第三十六条　【校车安全管理制度】……… 43
第三十七条　【突发事件处置】…………… 43
第三十八条　【禁止商业行为】…………… 44
第三十九条　【防治学生欺凌】…………… 45
第四十条　【防治性侵害、性骚扰】…… 47
第四十一条　【参照适用规定】…………… 47

第四章　社会保护 …………………………… 50
第四十二条　【社会保护的基本内容】 …… 50
第四十三条　【居民委员会、村民委员会工作职责】 ……………… 50
第四十四条　【公用场馆的优惠政策】 …… 51
第四十五条　【未成年人免费或者优惠乘坐交通工具】 …………… 52
第四十六条　【母婴设施的配备】 ……… 53
第四十七条　【不得限制针对未成年人的照顾或者优惠】 ………… 53
第四十八条　【鼓励有利于未成年人健康成长的创作】 …………… 54
第四十九条　【新闻媒体的责任】 ……… 54
第 五 十 条　【禁止危害未成年人身心健康的内容】 ……………… 56
第五十一条　【提示可能影响未成年人身心健康的内容】 ………… 57
第五十二条　【禁止儿童色情制品】 …… 57
第五十三条　【与未成年人有关的广告管理】 ………………… 57

第五十四条 【禁止严重侵犯未成年人权益的行为】 …………………… 58
第五十五条 【对生产、销售用于未成年人产品的要求】 ……………… 60
第五十六条 【公共场所的安全保障义务】 …… 60
第五十七条 【住宿经营者安全保护义务】 …… 62
第五十八条 【不适宜未成年人活动场所设置与服务的限制】 ………… 62
第五十九条 【对未成年人禁售烟、酒和彩票】 ……………………… 63
第 六 十 条 【禁止向未成年人提供、销售危险物品】 ……………… 64
第六十一条 【劳动保护】 …………………… 64
第六十二条 【从业查询】 …………………… 66
第六十三条 【通信自由和通信秘密】 …… 66

第五章 网络保护 ……………………………… 70

第六十四条 【网络素养】 …………………… 70
第六十五条 【健康网络内容创作与传播】 …… 71
第六十六条 【监督检查和执法】 …………… 71
第六十七条 【可能影响健康的网络信息】 …… 71
第六十八条 【沉迷网络的预防和干预】 …… 71

第六十九条　【网络保护软件】 …………… 72
第 七 十 条　【学校对未成年学生沉迷网络的预防和处理】 ………… 73
第七十一条　【监护人的网络保护义务】 …… 74
第七十二条　【个人信息处理规定以及更正权、删除权】 …………… 74
第七十三条　【私密信息的提示和保护义务】 ………………………… 75
第七十四条　【预防网络沉迷的一般性规定】 ………………………… 75
第七十五条　【网络游戏服务提供者的义务】 ………………………… 78
第七十六条　【网络直播服务提供者的义务】 ………………………… 79
第七十七条　【禁止实施网络欺凌】 ……… 80
第七十八条　【接受投诉、举报】 ………… 81
第七十九条　【投诉、举报权】 …………… 81
第 八 十 条　【对用户行为的安全管理义务】 ………………………… 81

第六章　政府保护 …………………………………………… 84
第八十一条　【政府、基层自治组织未成年人保护工作的落实主体】 …… 84
第八十二条　【家庭教育指导服务】 ……… 84
第八十三条　【政府保障未成年人受教育的权利】 …………………… 84
第八十四条　【发展托育、学前教育事业】 …… 86
第八十五条　【职业教育及职业技能培训】 …… 86
第八十六条　【残疾未成年人接受教育的权利】 …………………… 87
第八十七条　【政府保障校园安全】 ……… 87
第八十八条　【政府保障校园周边安全】 …… 88
第八十九条　【未成年人活动场所建设和维护、学校文化体育设施的免费或者优惠开放】 …… 88
第 九 十 条　【卫生保健、传染病防治和心理健康】 ………………… 89
第九十一条　【对困境未成年人实施分类保障】 …………………… 89
第九十二条　【民政部门临时监护】 ……… 89
第九十三条　【临时监护的具体方式】 …… 90

第九十四条 【长期监护的法定情形】 …… 91
第九十五条 【民政部门长期监护未成年人的收养】 …………… 92
第九十六条 【民政部门承担国家监护职责的政府支持和机构建设】 …………………… 93
第九十七条 【建设全国统一的未成年人保护热线，支持社会力量共建未成年人保护平台】 …………………… 93
第九十八条 【违法犯罪人员信息查询系统】 …………………… 94
第九十九条 【培育、引导和规范社会力量参与未成年人保护工作】 …………………… 95
第七章 司法保护 …………………………………… 97
第一百条 【司法机关职责】 ………… 97
第一百零一条 【专门机构、专门人员及评价考核标准】 ………… 97
第一百零二条 【未成年人案件中语言、表达方式】 …………… 97

第一百零三条　【个人信息保护】 ········· 97
第一百零四条　【法律援助、司法救助】 ······ 98
第一百零五条　【检察监督】 ················ 99
第一百零六条　【公益诉讼】 ················ 99
第一百零七条　【继承权、受遗赠权和受抚养权保护】 ········· 100
第一百零八条　【人身安全保护令、撤销监护人资格】 ········· 101
第一百零九条　【社会调查】 ················ 102
第一百一十条　【法定代理人、合适成年人到场】 ··············· 102
第一百一十一条　【特定未成年被害人司法保护】 ····················· 103
第一百一十二条　【同步录音录像等保护措施】 ······················· 104
第一百一十三条　【违法犯罪未成年人的保护方针和原则】 ······ 104
第一百一十四条　【司法机关对未尽保护职责单位的监督】 ······ 106
第一百一十五条　【司法机关开展未成年人法治宣传教育】 ······ 107

第一百一十六条　【社会组织、社会工作者参与未成年人司法保护】 …………………… 107
第八章　法律责任 …………………………………… 110
第一百一十七条　【违反强制报告义务的法律责任】 …………… 110
第一百一十八条　【监护人不履行监护职责或者侵犯未成年人合法权益的法律责任】 …… 111
第一百一十九条　【学校等机构及其教职员工的法律责任】 …… 111
第一百二十条　【未给予免费或者优惠待遇的法律责任】 …… 112
第一百二十一条　【制作、复制、出版、发布、传播危害未成年人出版物的法律责任】 …………… 112
第一百二十二条　【场所运营单位和住宿经营者的法律责任】 …… 113
第一百二十三条　【营业性娱乐场所等经营者的法律责任】 …… 114

第一百二十四条　【公共场所吸烟、饮酒的法律责任】…………114
第一百二十五条　【未按规定招用、使用未成年人的法律责任】…114
第一百二十六条　【密切接触未成年人单位的法律责任】………115
第一百二十七条　【网络产品和服务提供者等的法律责任】……115
第一百二十八条　【国家机关工作人员渎职的法律责任】………116
第一百二十九条　【民事责任、治安管理处罚和刑事责任】……116
第九章　附　　则…………………………………………118
第 一 百 三 十 条　【相关概念的含义】……118
第一百三十一条　【外国人、无国籍未成年人的保护】…………119
第一百三十二条　【施行日期】…………119
附录一　相关规定…………………………………………121
中华人民共和国预防未成年人犯罪法…………121
第一章　总　　则…………………………………………121
第二章　预防犯罪的教育…………………………………125

第三章　对不良行为的干预 …… 128
第四章　对严重不良行为的矫治 …… 131
第五章　对重新犯罪的预防 …… 136
第六章　法律责任 …… 139
第七章　附　　则 …… 141

中华人民共和国义务教育法 …… 142

第一章　总　　则 …… 142
第二章　学　　生 …… 145
第三章　学　　校 …… 147
第四章　教　　师 …… 150
第五章　教育教学 …… 151
第六章　经费保障 …… 153
第七章　法律责任 …… 156
第八章　附　　则 …… 160

未成年人学校保护规定 …… 161

第一章　总　　则 …… 161
第二章　一般保护 …… 162
第三章　专项保护 …… 166
第四章　管理要求 …… 170
第五章　保护机制 …… 176

第六章　支持与监督 …………………………………… 179
第七章　责任与处理 …………………………………… 181
第八章　附　　则 …………………………………… 183

附录二　实用图表 …………………………………… 185

中华人民共和国未成年人保护法

（1991 年 9 月 4 日第七届全国人民代表大会常务委员会第二十一次会议通过　2006 年 12 月 29 日第十届全国人民代表大会常务委员会第二十五次会议第一次修订　根据 2012 年 10 月 26 日第十一届全国人民代表大会常务委员会第二十九次会议《关于修改〈中华人民共和国未成年人保护法〉的决定》修正　2020 年 10 月 17 日第十三届全国人民代表大会常务委员会第二十二次会议第二次修订）

第一章　总　　则

第一条　【立法目的和依据】[①] 为了保护未成年人身心健康，保障未成年人合法权益，促进未成年人

① 本书条文主旨为编者所加，为方便读者检索使用，仅供参考，下同。

德智体美劳全面发展，培养有理想、有道德、有文化、有纪律的社会主义建设者和接班人，培养担当民族复兴大任的时代新人，根据宪法，制定本法。

☞ **相关法条**

《宪法》第 46 条、第 49 条

《义务教育法》第 3 条

《教育法》第 5 条

《预防未成年人犯罪法》第 1 条

★ **第二条 【未成年人的定义】** 本法所称未成年人是指未满十八周岁的公民。

注释

随着国际交往增多，越来越多的未满 18 周岁的外国人、无国籍人生活在我国境内，从履行有关国际义务角度出发，本法在附则中作出规定："对中国境内未满十八周岁的外国人、无国籍人，依照本法有关规定予以保护。"

★★ **第三条 【未成年人平等享有权利】** 国家保障未成年人的生存权、发展权、受保护权、参与权等权利。

未成年人依法平等地享有各项权利，不因本人及其父母或者其他监护人的民族、种族、性别、户籍、职业、宗教信仰、教育程度、家庭状况、身心健康状况等受到歧视。

注释

生存权是指未成年人享有其固有的生命权、健康权和获得基本生活保障等权利，包括未成年人享有生命、医疗保障、国籍、姓名、获得足够食物、拥有一定住所以及获得其他基本生活保障的权利。发展权是指充分发展其全部体能和智能的权利，包括未成年人有权接受正规和非正规的教育，有权享有促进其身体、心理、精神、道德等全面发展的生活条件。受保护权是指不受歧视、虐待和忽视的权利，包括保护未成年人免受歧视、剥削、酷刑、暴力或者疏忽照料，以及对失去家庭和处于特殊困境中的未成年人给予特别保护。参与权是指参与家庭和社会生活，并就影响他们生活的事项发表意见的权利，成年人应当尊重未成年人的意见。

典型案例

肖特很有音乐天赋，16 岁便不再上学，以演出收入为主要生活来源。肖特成长过程中，多有长辈馈赠：7 岁时受赠口琴 1 个，9 岁时受赠钢琴 1 架，15 岁时受赠名贵小提琴 1 把。请对下列对肖特行为能力及其受赠行为效力的说法作出判断：

(1) 肖特尚不具备完全的民事行为能力。

（2）受赠口琴的行为无效，应由其法定代理人代理实施。

（3）受赠钢琴的行为无效，因与其当时的年龄智力不相当。

（4）受赠小提琴的行为无效，因与其当时的年龄智力不相当。

答：说法（1）（3）（4）错误；说法（2）正确。

☞ **相关法条**

《宪法》第33条、第46条

《教育法》第17条、第19条

《义务教育法》第2~4条

第四条　【未成年人保护的基本原则和要求】 保护未成年人，应当坚持最有利于未成年人的原则。处理涉及未成年人事项，应当符合下列要求：

（一）给予未成年人特殊、优先保护；

（二）尊重未成年人人格尊严；

（三）保护未成年人隐私权和个人信息；

（四）适应未成年人身心健康发展的规律和特点；

（五）听取未成年人的意见；

（六）保护与教育相结合。

注释

根据未成年人身心特点给予特殊、优先保护，是对未成年人保护工作规律性认识的法律确认，是国际社会保护儿童理念在国内法中的体现。所谓特殊、优先，就是要针对未成年人制定特殊法律、发布特殊政策、实施特殊措施、进行特殊保护，以在最大限度上保障和维护未成年人的利益；在遇到紧急情况或者突发状况时，应当优先考虑未成年人的利益，优先为未成年人提供帮助或者实施救助，以尽可能减少对未成年人的伤害。

☆☆ **第五条　【对未成年人进行教育】** 国家、社会、学校和家庭应当对未成年人进行理想教育、道德教育、科学教育、文化教育、法治教育、国家安全教育、健康教育、劳动教育，加强爱国主义、集体主义和中国特色社会主义的教育，培养爱祖国、爱人民、爱劳动、爱科学、爱社会主义的公德，抵制资本主义、封建主义和其他腐朽思想的侵蚀，引导未成年人树立和践行社会主义核心价值观。

注释

对未成年人进行教育，要突出重点，最主要的就是思想道德教育。中共中央、国务院《关于进一步加强和改进未成年人思想道德建设的若干意见》中指出，加强和改进未成年人思想道德建设是一项重大而紧迫的战略任务。在对未成年人进行理想教育、道德教育的过程中，必须坚持正确的方向，坚持进行爱国主义、集体主义和中国特色社会主义的教育。该意见对未成年人思想道德建设的主要任务作出规定：(1) 从增强爱国情感做起，弘扬和培育以爱国主义为核心的伟大民族精神。深入进行中华民族优良传统教育和中国革命传统教育、中国历史特别是近现代史教育，引导广大未成年人认识中华民族的历史和传统，了解近代以来中华民族的深重灾难和中国人民进行的英勇斗争，从小树立民族自尊心、自信心和自豪感。(2) 从确立远大志向做起，树立和培育正确的理想信念。进行中国革命、建设和改革开放的历史教育与国情教育，引导广大未成年人正确认识社会发展规律，正确认识国家的前途和命运，把个人的成长进步同中国特色社会主义伟大事业、同祖国的繁荣富强紧密联系在一起，为担负起建设祖国、振兴中华的光荣使命做好准备。(3) 从规范行为习惯做起，培养良好道德品质和文明行为。大力普及“爱国守法、明礼诚信、团结友善、勤俭自强、敬业奉献”的基本道德规范，积极倡导集体主义精神和社会主义人道主义精神，引导广大未成年人牢固树立心中有祖国、心中有集体、心中有他人的意识，懂得为人做事的基本道理，具备文明生活的基本素养，学会处理人与人、人与社会、人与自然等基本关系。(4) 从提高基本素质做起，促进未成年人的全面发展。努力培育未成年人的劳动意识、创造意识、效率意识、环境意识和进取精神、科学精神等，增强他们的动手能力、自主能力和自我保护能力，引导未成年人保持蓬勃朝气、旺盛活力和昂扬向上的精神状态，激励他们勤奋学习、大胆实践、勇于创造，使他们的思想道德素质、科学文化素质和健康素质得到全面提高。

☞ 相关法条

《宪法》第 24 条

《教育法》第 6 条

《义务教育法》第 34 条

第六条　【保护未成年人的共同责任】保护未成年人，是国家机关、武装力量、政党、人民团体、企业事业单位、社会组织、城乡基层群众性自治组织、未成年人的监护人以及其他成年人的共同责任。

国家、社会、学校和家庭应当教育和帮助未成年人维护自身合法权益，增强自我保护的意识和能力。

第七条　【监护人和国家在监护方面的责任】未成年人的父母或者其他监护人依法对未成年人承担监护职责。

国家采取措施指导、支持、帮助和监督未成年人的父母或者其他监护人履行监护职责。

☞ **相关法条**

《民法典》第18条、第20条、第27条、第32条、第34条

第八条　【发展规划及预算】县级以上人民政府应当将未成年人保护工作纳入国民经济和社会发展规划，相关经费纳入本级政府预算。

★ **第九条　【未成年人保护工作协调机制】**县级以上人民政府应当建立未成年人保护工作协调机制，统筹、协调、督促和指导有关部门在各自职责范围内做好未成年人保护工作。协调机制具体工作由县级以上人民政府民政部门承担，省级人民政府也可以根据本地实际情况确定由其他有关部门承担。

注释

未成年人保护工作协调机制的职责具体包括：统筹、协调、督促和指导有关部门在各自职责范围内做好未成年人保护工作。统筹是指通过出台相关政策文件，制订工作

规划或计划，提出实施方案和举措等方式，对本行政区域内未成年人保护工作进行统筹规划，作出部署安排，整合各方资源，形成工作合力；协调是指通过联席会议、沟通交流、联络员、信息反馈等机制，协调各部门之间的工作安排和进度，化解工作中的分歧和争议，实现分工明确、优势互补、步调一致；督促是指通过督导检查、执法检查等方式，监督和推动有关部门认真履职、落实责任；指导是指通过宣传相关法律法规及政策、开展研究讨论、进行专项调研等方式，提出指导意见、推广工作经验。

★ **第十条　【群团组织及社会组织的职责】**共产主义青年团、妇女联合会、工会、残疾人联合会、关心下一代工作委员会、青年联合会、学生联合会、少年先锋队以及其他人民团体、有关社会组织，应当协助各级人民政府及其有关部门、人民检察院、人民法院做好未成年人保护工作，维护未成年人合法权益。

注释

保护未成年人是全社会的责任，做好未成年人保护工作，维护未成年人的合法权益也是有关单位、组织的责任。因此，本条规定，有关群团组织和社会组织，应当协助各级人民政府及其有关部门、人民检察院、人民法院做好未成年人保护工作，维护未成年人合法权益。未成年人保护的许多工作都需要有关单位和部门相互配合，共同完成。如按照本法有关规定，公安机关、人民检察院、人民法院应当与其他有关政府部门、人民团体、社会组织相互配合，对遭受性侵害或者严重暴力伤害的未成年被害人及其家庭采取必要的经济救助、心理干预、法律援助、转学安置等保护措施。

★★ **第十一条　【检举、控告和强制报告制度】**任何组织或者个人发现不利于未成年人身心健康或者侵犯未成年人合法权益的情形，都有权劝阻、制止或者向公安、民政、教育等有关部门提出检举、控告。

国家机关、居民委员会、村民委员会、密切接触未成年人的单位及其工作人员，在工作中发现未成年人身心健康受到侵害、疑似受到侵害或者面临其他危险情形的，应当立即向公安、民政、教育等有关部门报告。

有关部门接到涉及未成年人的检举、控告或者报告，应当依法及时受理、处置，并以适当方式将处理结果告知相关单位和人员。

注释

最高人民检察院、国家监察委员会、教育部、公安部、民政部、司法部、国家卫生健康委员会、中国共产主义青年团中央委员会、中华全国妇女联合会《关于建立侵害未成年人案件强制报告制度的意见（试行）》第2条规定，侵害未成年人案件强制报告，是指国家机关、法律法规授权行使公权力的各类组织及法律规定的公职人员，密切接触未成年人行业的各类组织及其从业人员，在工作中发现未成年人遭受或者疑似遭受不法侵害以及面临不法侵害危险的，应当立即向公安机关报案或举报。第4条规定，本意见所称在工作中发现未成年人遭受或者疑似遭受不法侵害以及面临不法侵害危险的情况包括：(1) 未成年人的生殖器官或隐私部位遭受或疑似遭受非正常损伤的；(2) 不满14周岁的女性未成年人遭受或疑似遭受性侵害、怀孕、流产的；(3) 14周岁以上女性未成年人遭受或疑似遭受性侵害所致怀孕、流产的；(4) 未成年人身体存在多处损伤、严重营养不良、意识不清，存在或疑似存在受到家庭暴力、欺凌、虐待、殴打或者被人麻醉等情形的；(5) 未成年人因自杀、自残、工伤、中毒、被人麻醉、殴打等非正常原因导致伤残、死亡情形的；(6) 未成年人被遗弃或长期处于无人照料状态的；(7) 发现未成年人来源不明、失踪或者被拐卖、收买的；(8) 发现未成年人被组织乞讨的；(9) 其他严重侵害未成年人身心健康的情形或未成年人正在面临不法侵害危险的。

典型案例

医务人员履行强制报告职责举报监护侵害案①

高某甲与郑某某系同居关系。2020年2月至3月期间，二人多次使用拳脚、皮带及其他工具对窦某某（高某甲儿子，4岁）进行殴打，致窦某某全身多发软组织挫伤，评定为重伤二级。3月11日，窦某某被送至医院就医时，接诊医生发现其遍体鳞伤，怀疑系被他人殴打所致，遂报警。12月9日，高某甲、郑某某因故意伤害罪被判处有期徒刑3年。2021年2月2日，检察机关出庭支持起诉，撤销高某甲的监护人资格，并对窦某某进行司法救助。

本案是医务人员履行强制报告职责揭露监护侵害的典型案例。《未成年人保护法》规定，国家机关、居民委员会、村民委员会、密切接触未成年人的单位及其工作人员具有强制报告义务，发现侵害未成年人合法权益事件必须

① 参见共青团中央权益部官方微信公众号：《2021年度依法维护未成年人权益典型案件发布》。最后访问时间：2022年4月28日。

及时报告。本案中医务人员在为患者治疗过程中发现异常并及时报案，为第一时间收集、固定关键证据，破解侵害未成年人犯罪案件发现难、取证难等问题发挥了关键作用，对强制报告制度的实施起到了典型示范作用。

☞ **相关法条**

《反家庭暴力法》第13~17条

第十二条　【科学研究】国家鼓励和支持未成年人保护方面的科学研究，建设相关学科、设置相关专业，加强人才培养。

第十三条　【统计调查制度】国家建立健全未成年人统计调查制度，开展未成年人健康、受教育等状况的统计、调查和分析，发布未成年人保护的有关信息。

第十四条　【表彰和奖励】国家对保护未成年人有显著成绩的组织和个人给予表彰和奖励。

▶▶小测试◀◀①

1. 《未成年人保护法》所称未成年人是指未满16周岁的公民。(　　)

2. 保护未成年人，应当坚持最有利于未成年人的原则。(　　)

3. 市级以上人民政府应当将未成年人保护工作纳入国民经济和社会发展规划。(　　)

4. 国家保障未成年人的（　　）等权利。

A. 生存权　　B. 发展权

C. 受保护权　　D. 参与权

5. 有关部门接到涉及未成年人的（　　），应当依法及时受理、处置，并以适当方式将处理结果告知相关单位和人员。

A. 检举　　B. 控告

C. 事故　　D. 报告

6. 未成年人依法____地享有各项权利，不因本人及其父母或者其他监护人的民族、种族、性别、户籍、职业、____、

① 【答案】1. ×，解析：《未成年人保护法》第2条。2. √。3. ×，解析：《未成年人保护法》第8条。4. ABCD。5. ABD。6. 平等；宗教信仰；歧视。7. 父母；其他监护人；监护。8. 国家机关；城乡基层群众性自治组织；共同。9. 劝阻；制止；公安；民政；教育。10. 统计调查制度；未成年人保护。

教育程度、家庭状况、身心健康状况等受到____。

7. 未成年人的____或者____依法对未成年人承担____职责。

8. 保护未成年人，是____、武装力量、政党、人民团体、企业事业单位、社会组织、____、未成年人的监护人以及其他成年人的____责任。

9. 任何组织或者个人发现不利于未成年人身心健康或者侵犯未成年人合法权益的情形，都有权____、____或者向____、____、____等有关部门提出检举、控告。

10. 国家建立健全未成年人____，开展未成年人健康、受教育等状况的统计、调查和分析，发布____的有关信息。

第二章　家庭保护

★★ 第十五条　【监护人及成年家庭成员的家庭教育职责】未成年人的父母或者其他监护人应当学习家庭教育知识，接受家庭教育指导，创造良好、和睦、文明的家庭环境。

共同生活的其他成年家庭成员应当协助未成年人的父母或者其他监护人抚养、教育和保护未成年人。

注释

《家庭教育促进法》规定，父母或者其他监护人应当树立家庭是第一个课堂、家长是第一任老师的责任意识，承担对未成年人实施家庭教育的主体责任，用正确思想、方法和行为教育未成年人养成良好思想、品行和习惯。共同生活的具有完全民事行为能力的其他家庭成员应当协助和配合未成年人的父母或者其他监护人实施家庭教育。未成年人的父母或者其他监护人及其他家庭成员应当注重家庭建设，培育积极健康的家庭文化，树立和传承优良家风，弘扬中华民族家庭美德，共同构建文明、和睦的家庭关系，为未成年人健康成长营造良好的家庭环境。

☞ 相关法条

《家庭教育促进法》

第十六条　【监护职责】未成年人的父母或者其他监护人应当履行下列监护职责：

（一）为未成年人提供生活、健康、安全等方面的保障；

（二）关注未成年人的生理、心理状况和情感需求；

（三）教育和引导未成年人遵纪守法、勤俭节约，养成良好的思想品德和行为习惯；

（四）对未成年人进行安全教育，提高未成年人的自我保护意识和能力；

（五）尊重未成年人受教育的权利，保障适龄未成年人依法接受并完成义务教育；

（六）保障未成年人休息、娱乐和体育锻炼的时间，引导未成年人进行有益身心健康的活动；

（七）妥善管理和保护未成年人的财产；

（八）依法代理未成年人实施民事法律行为；

（九）预防和制止未成年人的不良行为和违法犯罪行为，并进行合理管教；

（十）其他应当履行的监护职责。

注释

监护人不履行监护职责或者侵害被监护人合法权益的，应当承担法律责任。

因发生突发事件等紧急情况，监护人暂时无法履行监护职责，被监护人的生活处于无人照料状态的，被监护人住所地的居民委员会、村民委员会或者民政部门应当为被监护人安排必要的临时生活照料措施。

监护人应当按照最有利于被监护人的原则履行监护职责。监护人除为维护被监护人利益外，不得处分被监护人的财产。未成年人的监护人履行监护职责，在作出与被监护人利益有关的决定时，应当根据被监护人的年龄和智力状况，尊重被监护人的真实意愿。

☞ 相关法条

《宪法》第 49 条

《民法典》第 17 条、第 20 条、第 23 条、第 26 条、第 34 条、第 35 条

第十七条　【监护禁止行为】 未成年人的父母或者其他监护人不得实施下列行为：

（一）虐待、遗弃、非法送养未成年人或者对未成年人实施家庭暴力；

（二）放任、教唆或者利用未成年人实施违法犯

罪行为；

（三）放任、唆使未成年人参与邪教、迷信活动或者接受恐怖主义、分裂主义、极端主义等侵害；

（四）放任、唆使未成年人吸烟（含电子烟，下同）、饮酒、赌博、流浪乞讨或者欺凌他人；

（五）放任或者迫使应当接受义务教育的未成年人失学、辍学；

（六）放任未成年人沉迷网络，接触危害或者可能影响其身心健康的图书、报刊、电影、广播电视节目、音像制品、电子出版物和网络信息等；

（七）放任未成年人进入营业性娱乐场所、酒吧、互联网上网服务营业场所等不适宜未成年人活动的场所；

（八）允许或者迫使未成年人从事国家规定以外的劳动；

（九）允许、迫使未成年人结婚或者为未成年人订立婚约；

（十）违法处分、侵吞未成年人的财产或者利用未成年人牟取不正当利益；

（十一）其他侵犯未成年人身心健康、财产权益或者不依法履行未成年人保护义务的行为。

注释

根据本条的规定，监护人禁止行为分为三类：一是主动侵害类行为，即通过一定的行为侵害未成年人的合法权益、危害未成年人的身心健康，比如虐待未成年人，违法处分、侵吞未成年人的财产。二是拒绝履行监护类的行为，即应当为而不为的行为，比如遗弃未成年人。三是怠于履行监护类的行为，即疏忽或者放任不管的行为，比如放任未成年人沉迷网络，放任未成年人进入不适宜未成年人活动的场所。

特别需要注意实践中比较突出的一些禁止行为：一是虐待未成年人，通常来说包括四种行为，身体虐待、精神虐待、性虐待和疏忽照顾。其中，疏忽照顾是指监护人对于未成年人的饮食、教育、医疗、衣物、卫生等基本需求刻意忽视，特征是使未成年人出现明显的营养不良、穿不合身的衣物、学龄儿童未去学校等。二是遗弃未成年人，即监护人故意拒绝抚养、照顾未成年人的行为。三是非法送养未成年人。我国法律对于收养条件、放弃抚养权等都有着严格的规定，除依法符合条件和办理相应手续外，监护人不能仅因为无力抚养或重男轻女等原因而私下将其送给其他人养育。四是对未成年人实施家庭暴力，即监护人以殴打、捆绑、残害、限制人身自由以及经常性谩骂、恐吓等方式实施的侵害未成年人的行为。

典型案例

父母给未成年子女私定婚约被判无效案①

2021年1月，某县雷某某在收取张某8万元彩礼后，为未成年女儿邱某与张某订立婚约，邱某与张某非法同居6个多月后分手，两家因彩礼纠纷对簿公堂。2021年10月27日，某县人民法院判定当事人系未成年人，所定婚约无效。10月28日，法院对邱某父母进行训诫，发出家庭教育令。

本案是司法机关认定父母为未成年人订立婚约无效的典型案件。《未成年人保护法》规定，未成年人的父母或者其他监护人不得允许、迫使未成年人结婚或者为未成年人订立婚约。婚姻问题不仅仅是家事，首先要遵守相应法律规定。该案件有助于引导监护人增强法律意识，遵从婚姻自由原则和法定婚龄要求，严格打击为未成年人订立“娃娃亲”的行为。

☞ 相关法条

《反家庭暴力法》第三章

---

① 参见共青团中央权益部官方微信公众号：《2021年度依法维护未成年人权益典型案件发布》。最后访问时间：2022年4月28日。

《预防未成年人犯罪法》第28条、第29条

第十八条　【监护人的安全保障义务】未成年人的父母或者其他监护人应当为未成年人提供安全的家庭生活环境，及时排除引发触电、烫伤、跌落等伤害的安全隐患；采取配备儿童安全座椅、教育未成年人遵守交通规则等措施，防止未成年人受到交通事故的伤害；提高户外安全保护意识，避免未成年人发生溺水、动物伤害等事故。

注释

未成年人的父母或者其他监护人对未成年子女的安全保障义务主要包括以下三个方面：一是保障家庭生活环境的安全。安全的家庭生活环境是保护未成年人生命健康权的第一道防线。在家庭生活环境中造成未成年人的伤害主要有触电、烫伤、跌落等。二是防止未成年人受到交通事故的伤害。未成年人的父母或者其他监护人应当采取配备儿童安全座椅、教育未成年人遵守交通规则等措施，防止未成年人受到交通事故的伤害。三是保障未成年人户外活动的安全。户外活动容易造成的未成年人意外伤害主要包括溺水和动物伤害。针对前者，父母或者其他监护人首先要提高自身的预防溺水的安全意识，加强对未成年人的安全教育，让未成年人掌握游泳和水上安全技巧；至于后者，

父母或者其他监护人应当教育未成年人在户外碰到动物时，不要用手去触摸、追赶，尽量避让、远离，以避免受到伤害。

☆☆ **第十九条　【尊重未成年人的知情权】** 未成年人的父母或者其他监护人应当根据未成年人的年龄和智力发展状况，在作出与未成年人权益有关的决定前，听取未成年人的意见，充分考虑其真实意愿。

注 释

履行监护职责以尊重未成年人权利为基础。父母或者其他监护人应当充分意识到未成年人与自己在法律面前是平等的，行使监护权时应当充分尊重未成年人的主体地位，把握未成年人的成长规律，调动未成年人的主观能动性和积极性，充分尊重未成年人的知情权。《民法典》第35条第2款规定："未成年人的监护人履行监护职责，在作出与被监护人利益有关的决定时，应当根据被监护人的年龄和智力状况，尊重被监护人的真实意愿。"

第二十条　【监护人的报告义务】 未成年人的父母或者其他监护人发现未成年人身心健康受到侵害、疑似受到侵害或者其他合法权益受到侵犯的，应当及时了解情况并采取保护措施；情况严重的，应当立即向公安、民政、教育等部门报告。

★★ **第二十一条　【临时照护及禁止未成年人单独生活】** 未成年人的父母或者其他监护人不得使未满八周岁或者由于身体、心理原因需要特别照顾的未成年人处于无人看护状态，或者将其交由无民事行为能力、限制民事行为能力、患有严重传染性疾病或者其他不适宜的人员临时照护。

未成年人的父母或者其他监护人不得使未满十六周岁的未成年人脱离监护单独生活。

注释

根据《民法典》的规定，16 周岁以上的未成年人，以自己的劳动收入为主要生活来源的，视为完全民事行为能力人。所以，法律上是允许 16 周岁以上的未成年人离开父母或者其他监护人独自生活的。但是，未满 16 周岁的未成年人，尚不具备成年人的辨识能力，其父母或者其他监护人应当全面履行监护职责，不能让其脱离监护单独生活。这里所说的不得脱离监护单独生活主要是指：一是不允许 16 周岁以下的未成年子女离开父母或者其他监护人在外租房单独生活，或者去异地打工；二是父母或者其他监护人在外出务工等情况下，不能将 16 周岁以下的未成年子女留在家里单独生活，应当将未成年子女委托给他人照护；三是不包括学生住校、参加夏令营等经父母或者其他监护人同意的行为。

☞ **相关法条**

《民法典》第 18~20 条

《预防未成年人犯罪法》第 35 条

第二十二条　【设立长期照护的条件】 未成年人的父母或者其他监护人因外出务工等原因在一定期限内不能完全履行监护职责的，应当委托具有照护能力的完全民事行为能力人代为照护；无正当理由的，不得委托他人代为照护。

未成年人的父母或者其他监护人在确定被委托人时，应当综合考虑其道德品质、家庭状况、身心健康状况、与未成年人生活情感上的联系等情况，并听取有表达意愿能力未成年人的意见。

具有下列情形之一的，不得作为被委托人：

（一）曾实施性侵害、虐待、遗弃、拐卖、暴力伤害等违法犯罪行为；

（二）有吸毒、酗酒、赌博等恶习；

（三）曾拒不履行或者长期怠于履行监护、照护职责；

（四）其他不适宜担任被委托人的情形。

注释

长期照护的适用要点：一是具备正当理由，主要包括两种。第一种为主观上的履行不能，即父母或者其他监护人外出务工或其他同种类行为。第二种为客观上的履行不能，一般是由于疾病或意外事故等不可预见且不能控制的事由导致未成年人父母部分或全部丧失民事行为能力进而不能履行职责。除此之外，如不具备正当理由，不得任意委托他人代为照护。二是在一定期限内无法完全履行监护职责。根据这一要求，父母或者其他监护人无法履行监护职责限定于一定期限、部分的不能。如果父母或者其他监护人已经永远丧失履行全部监护职责的能力或者条件，则应当依法另行确定其他人作为监护人。三是选定具有照护能力的完全民事行为能力人。选定被委托人时，应当符合本条第2款、第3款的规定，其须具备照护未成年人的能力和条件。四是委托的内容限于照护职责，包括照料未成年人的日常生活，教育和关心爱护未成年人，保护未成年人的人身、财产及其他合法权益。这也意味着还有部分监护职责不能委托，必须由父母或者其他监护人亲自履行或者与被委托人共同履行。五是及时委托照护是父母或者其他监护人的义务。父母或者其他监护人具备正当理由时，必须及时选定合格的被委托人，防止出现无人照护、失教失管等风险状况。这是父母或者其他监护人的一项义务，不能怠于履行或者拒绝履行。

☞ 相关法条

《国务院关于加强农村留守儿童关爱保护工作的意见》

第二十三条　【设立长期照护的监护人的义务】 未成年人的父母或者其他监护人应当及时将委托照护情况书面告知未成年人所在学校、幼儿园和实际居住地的居民委员会、村民委员会，加强和未成年人所在学校、幼儿园的沟通；与未成年人、被委托人至少每周联系和交流一次，了解未成年人的生活、学习、心理等情况，并给予未成年人亲情关爱。

未成年人的父母或者其他监护人接到被委托人、居民委员会、村民委员会、学校、幼儿园等关于未成年人心理、行为异常的通知后，应当及时采取干预措施。

★★ 第二十四条　【父母离婚对未成年子女的义务】 未成年人的父母离婚时，应当妥善处理未成年子女的抚养、教育、探望、财产等事宜，听取有表达意愿能力未成年人的意见。不得以抢夺、藏匿未成年子女等方式争夺抚养权。

未成年人的父母离婚后，不直接抚养未成年子女的一方应当依照协议、人民法院判决或者调解确定的时间和方式，在不影响未成年人学习、生活的情况下探望未成年子女，直接抚养的一方应当配合，但被人民法院依法中止探望权的除外。

注释

必须妥善处理涉及未成年子女的抚养问题。对此类问题，《民法典》和相关司法解释对抚养争议有明确规定：对于不满2周岁的子女，以由母亲直接抚养为原则；对于已满2周岁的子女，如果父母双方协议不成，将由人民法院按照最有利于未成年子女的原则判决。子女已满8周岁的，应当尊重其真实意愿。未成年人父母离婚时，应当为孩子多作考虑，按照最有利于孩子的原则进行协商，尽快对未成年子女抚养问题达成一致意见。如果达不成合意的，也要尽快向法院起诉，由法院依法判决。

典型案例

胡某诉陈某变更抚养权纠纷案①

——发出全国首份家庭教育令

2020年8月，原告胡某和被告陈某协议离婚，约定女儿胡小某由其母即被告陈某抚养，原告每月支付抚养费。一个月后，因被告再婚，有两三个星期未送胡小某去上学。自2020年12月10日起，原告为胡小某找来全托保姆单独居住，原告自己住在距胡小某住处20公里的乡下别墅内，由保姆单独照护胡小某，被告每周末去接孩子。原告胡某认为离婚后，被告陈某未能按约定履行抚养女儿的义务，遂将陈某诉至法院，请求法院判令将女儿胡小某的抚养权变更给原告。经法庭询问，胡小某表示更愿意和妈妈陈某在一起生活。

法院经审理认为，原告胡某与被告陈某协议离婚后，对未成年女儿胡小某仍负有抚养、教育和保护的义务。本案原、被告双方都存在怠于履行抚养义务和承担监护职责的行为，忽视了胡小某的生理、心理与情感需求。鉴于胡小某表达出更愿意和其母亲即被告一起共同生活的主观意

① 参见最高人民法院官网：《未成年人权益司法保护典型案例》，https：//www. court. gov. cn/zixun - xiangqing - 347931. html。最后访问时间：2022年4月28日。

愿，法院判决驳回原告的诉讼请求。同时，法院认为，被告陈某在无正当理由的情况下由原告委托保姆单独照护年幼的女儿，属于怠于履行家庭教育责任的行为，根据《家庭教育促进法》的相关规定，应予以纠正。裁定要求陈某多关注胡小某的生理、心理状况和情感需求，与学校老师多联系、多沟通，了解胡小某的详细状况，并要求陈某与胡小某同住，由自己或近亲属亲自养育与陪伴胡小某，切实履行监护职责，承担起家庭教育的主体责任，不得让胡小某单独与保姆居住生活。

☞ 相关法条

《民法典》第 1076 条、第 1078 条、第 1084 条、第 1086 条

《最高人民法院关于适用〈中华人民共和国民法典〉婚姻家庭编的解释（一）》第 44~61 条、第 67 条

▶▶小测试◀◀①

1. 未成年人的父母或者其他监护人应当根据未成年人的年龄和智力发展状况，在作出与未成年人权益有关的决定前，听取未成年人的意见，充分考虑其真实意愿。(　　)
2. 未成年人的父母离婚时，应当妥善处理未成年子女的抚养、教育、探望、财产等事宜，听取有表达意愿能力未成

① 【答案】1. √。2. √。3. C。4. C。5. 父母；其他监护人；年龄；智力发展状况。

年人的意见。(　　)

3. 未成年人的父母或者其他监护人应当学习（　　）知识，接受（　　）指导，创造良好、和睦、文明的家庭环境。

A. 家庭心理；家庭心理　　B. 家庭文化；家庭文化

C. 家庭教育；家庭教育　　D. 家庭健康；家庭健康

4. 未成年人的父母或者其他监护人不得使未满（　　）周岁的未成年人脱离监护单独生活。

A. 14　　B. 18

C. 16　　D. 12

5. 未成年人的____或者____应当根据未成年人的____和____，在作出与未成年人权益有关的决定前，听取未成年人的意见，充分考虑其真实意愿。

第三章　学校保护

★ **第二十五条　【全面贯彻国家教育方针政策】** 学校应当全面贯彻国家教育方针，坚持立德树人，实施素质教育，提高教育质量，注重培养未成年学生认知能力、合作能力、创新能力和实践能力，促进未成年学生全面发展。

学校应当建立未成年学生保护工作制度，健全学生行为规范，培养未成年学生遵纪守法的良好行为习惯。

注释

学校应当建立未成年人保护工作制度，以切实加强对未成年学生的教育保护：一是要求学校围绕本法及《预防未成年人犯罪法》《教育法》《义务教育法》等相关法律法规赋予的其在未成年学生保护方面的特殊职责，建立健全未成年人保护相关工作制度，以规范学校及其教职员工的日常管理行为和教育教学活动，依法履行对未成年学生的保护职责。这些工作制度可能包括校园安全管理制度、校车安全管理制度、应对突发事件和意外伤害预案、学生欺凌防控工作制度、预防性侵和性骚扰未成年人工作制度等。二是要求学校健全学生行为规范。学校可以根据教育部发布的《中小学生守则》《小学生日常行为规范（修订）》《中学生日常行为规范（修订）》，结合本校的实际情况，制定本校学生行为规范，作为学生行为准则，通过规范未成年学生的行为，使其从小树立规则意识和责任意识，从而养成遵纪守法的良好行为习惯。

☞ **相关法条**

《义务教育法》第5条

第二十六条　【幼儿园的保育教育职责】幼儿园应当做好保育、教育工作，遵循幼儿身心发展规律，实施启蒙教育，促进幼儿在体质、智力、品德等方面和谐发展。

☆☆ **第二十七条　【尊重未成年人人格尊严，不得实施体罚】**学校、幼儿园的教职员工应当尊重未成年人人格尊严，不得对未成年人实施体罚、变相体罚或者其他侮辱人格尊严的行为。

注释

体罚及变相体罚行为，通常是指教师以暴力的方法或以暴力相威胁，或者以其他强制性手段来制止和预防学生的某些不良做法，直接或间接伤害学生身体的教师问题行为。具有此类行为特征的教师，其主要表现是：直接责打学生、让学生代行体罚或自罚、罚站、罚值日、赶出教室、放学后被留校、随意停课或停止学生参加一切活动、罚学生做超量作业等。其中，变相体罚有时候具有很强的隐蔽性，没有接触被罚人的身体，但以非人道的方式迫使被罚人作出某些行为，使其身体或精神上感到痛苦。任何一种变相体罚都会产生与体罚相同的危害学生身体健康或者损害人格尊严的后果。

生活小案例

2020 年 11 月 26 日，上第一节课时，因詹某上课趴在桌子上，作为教师的郝某用尺子直接殴打原告后脑，致使原告呕吐。放学回家后，詹某的父亲发现原告有异样，一直不吃饭，哭闹，意识不清楚。次日，詹某被家属送往某妇幼保健院治疗，诊断结果为后颅窝右侧硬膜外血肿。詹某将郝某及某小学同时告上法庭。

法院认为，郝某系某小学的教职员工，其在履行职责过程中违反职业道德及工作操守，用殴打方式体罚学生，致原告受伤，对未成年人负有教育、管理、保护义务的学校应承担相应的赔偿责任。学校予以赔偿后，可以向有关直接责任人追偿。法院最终判决某小学支付赔偿金共计 11.6 万余元。

☞ 相关法条

《宪法》第 38 条

《民法典》第 109 条、第 110 条

《教师法》第 8 条、第 37 条

《义务教育法》第 29 条

☆☆☆ 第二十八条 【保障未成年学生受教育权利】 学校应当保障未成年学生受教育的权利，不得违反国家规定开除、变相开除未成年学生。

学校应当对尚未完成义务教育的辍学未成年学生进行登记并劝返复学；劝返无效的，应当及时向教育行政部门书面报告。

注释

我国《义务教育法》第 27 条明确规定："对违反学校管理制度的学生，学校应当予以批评教育，不得开除。"在此基础上，为了进一步保障未成年人受教育的权利，本法进一步规定学校不得违反国家规定变相开除未成年学生，旨在更加严格地规范学校开除未成年学生的情形。实践中有的学校对义务教育阶段的学生勒令退学、劝退、以不让参加考试或者随意停止其在校接受教育等方式迫使其退学，这些都属于变相开除义务教育阶段未成年学生的行为，是本法所禁止的。接受义务教育是每个未成年学生的

基本权利，即使是一些可能会对学校秩序产生恶劣影响的有严重不良行为的义务教育阶段学生，也不能开除学籍，可以依照《预防未成年人犯罪法》的规定将其送至专门学校继续接受义务教育，由专门学校对其进行道德教育、文化教育、法治教育、心理健康教育、劳动教育和职业技术教育。

★ **第二十九条　【关爱帮扶 不得歧视】**学校应当关心、爱护未成年学生，不得因家庭、身体、心理、学习能力等情况歧视学生。对家庭困难、身心有障碍的学生，应当提供关爱；对行为异常、学习有困难的学生，应当耐心帮助。

学校应当配合政府有关部门建立留守未成年学生、困境未成年学生的信息档案，开展关爱帮扶工作。

☞ **相关法条**

《教师法》第 8 条

《义务教育法》第 29 条

《国务院关于加强农村留守儿童关爱保护工作的意见》

第三十条　【社会生活指导、心理健康辅导、青春期教育、生命教育】学校应当根据未成年学生身心发展特点，进行社会生活指导、心理健康辅导、青春期教育和生命教育。

★ **第三十一条　【加强劳动教育】** 学校应当组织未成年学生参加与其年龄相适应的日常生活劳动、生产劳动和服务性劳动，帮助未成年学生掌握必要的劳动知识和技能，养成良好的劳动习惯。

注释

学校应当鼓励、引导学生在日常生活中自己的事情自己做，做好生活自理的同时自觉承担家务劳动、班级劳动，主动为家人和班集体服务。鼓励学生参加各种公益活动、志愿服务，引导学生开展服务性劳动，在为他人、为社会奉献中不断完善自己；组织学生到由各类企事业单位开放的劳动实践场所、到田间地头，参加生产劳动，让学生能在实际岗位劳动中了解真实的职业劳动，体会各种工作的快乐和辛苦，树立正确的职业观。学校应当根据各学段特色，合理安排日常生活劳动、生产劳动和服务性劳动内容，发挥好各类劳动教育内容的育人作用，如在日常生活劳动中培养学生独立生活能力，传承勤俭节约的家风，在服务性劳动中强化社会责任和奉献精神，在生产劳动中培养吃苦耐劳、精益求精、创新进取的品质。

★★ **第三十二条　【反对浪费 文明饮食】** 学校、幼儿园应当开展勤俭节约、反对浪费、珍惜粮食、文明饮食等宣传教育活动，帮助未成年人树立浪费可耻、节约为荣的意识，养成文明健康、绿色环保的生活习惯。

注释

根据《反食品浪费法》的规定，食品浪费，是指对可安全食用或者饮用的食品未能按照其功能目的合理利用，包括废弃、因不合理利用导致食品数量减少或者质量下降等。

国家厉行节约，反对浪费。国家坚持多措并举、精准施策、科学管理、社会共治的原则，采取技术上可行、经济上合理的措施防止和减少食品浪费。国家倡导文明、健康、节约资源、保护环境的消费方式，提倡简约适度、绿色低碳的生活方式。

教育行政部门应当指导、督促学校加强反食品浪费教育和管理。学校应当按照规定开展国情教育，将厉行节约、反对浪费纳入教育教学内容，通过学习实践、体验劳动等形式，开展反食品浪费专题教育活动，培养学生形成勤俭节约、珍惜粮食的习惯。学校应当建立防止食品浪费的监督检查机制，制定、实施相应的奖惩措施。

★ **第三十三条　【保障未成年学生休息权】**学校应

当与未成年学生的父母或者其他监护人互相配合，合理安排未成年学生的学习时间，保障其休息、娱乐和体育锻炼的时间。

学校不得占用国家法定节假日、休息日及寒暑假期，组织义务教育阶段的未成年学生集体补课，加重其学习负担。

幼儿园、校外培训机构不得对学龄前未成年人进行小学课程教育。

注 释

教育部《关于当前加强中小学管理规范办学行为的指导意见》指出，科学安排作息时间，切实减轻学生过重课业负担。地方各级教育行政部门要根据当地实际情况，按照不同学段和年级、走读生和寄宿生的实际需要，对学生休息时间、在校学习（包括自习）时间、体育锻炼时间、在校活动内容和家庭作业等方面作出科学合理安排和严格规定，并组织全面检查。坚决纠正各种随意侵占学生休息时间的做法，正确引导家长和社会积极参与，切实把课内外过重的课业负担减下来，依法保障学生的休息权利。

☞ 相关法条

《体育法》第5条

★ **第三十四条　【学校、幼儿园的卫生保健职责】** 学校、幼儿园应当提供必要的卫生保健条件，协助卫生健康部门做好在校、在园未成年人的卫生保健工作。

典型案例

严惩"换不动"送餐公司 守护校园食品安全案①

2021年11月，媒体报道某省某县某中学30多名学生吃过学校的营养午餐后，出现呕吐、腹泻现象。据学生们反映，当天吃的饭菜里"豆腐有点馊，烩菜有点腥"。11月25日，该中学校长哭诉送餐公司"换不动"进一步引发关注。11月27日，当地官方消息显示，初步判定此事是一起食源性疾病事件，该县教体局副局长王某某等多名干部被立案调查。11月30日上午，某县委宣传部通报涉事送餐公司负责人吕某、李某因涉嫌生产、销售不符合安全标准食品罪，已被刑事拘留。

本案是严肃惩处校园食品安全问题的典型案件。食品安全无小事。《未成年人保护法》规定，"学校、幼儿园应当提供必要的卫生保健条件，协助卫生健康部门做好在校、

① 参见共青团中央权益部官方微信公众号：《2021年度依法维护未成年人权益典型案件发布》。最后访问时间：2022年4月28日。

在园未成年人的卫生保健工作”。本案中不符合安全标准的食品流入学校导致大规模未成年人食源性疾病，涉事企业、相关管理部门均受到了惩处。各地应引以为戒，提高校园食品安全意识，为未成年人营造良好的学习生活环境。

第三十五条　【保障未成年人校园安全】学校、幼儿园应当建立安全管理制度，对未成年人进行安全教育，完善安保设施、配备安保人员，保障未成年人在校、在园期间的人身和财产安全。

学校、幼儿园不得在危及未成年人人身安全、身心健康的校舍和其他设施、场所中进行教育教学活动。

学校、幼儿园安排未成年人参加文化娱乐、社会实践等集体活动，应当保护未成年人的身心健康，防止发生人身伤害事故。

注释

《中小学幼儿园安全管理办法》对学校如何实施安全教育作出具体要求：

（1）学校应当按照国家课程标准和地方课程设置要求，将安全教育纳入教学内容，对学生开展安全教育，培养学生的安全意识，提高学生的自我防护能力。

（2）学校应当在开学初、放假前，有针对性地对学生集中开展安全教育。新生入校后，学校应当帮助学生及时了解相关的学校安全制度和安全规定。

（3）学校应当针对不同课程实验课的特点与要求，对学生进行实验用品的防毒、防爆、防辐射、防污染等的安全防护教育。学校应当对学生进行用水、用电的安全教育，对寄宿学生进行防火、防盗和人身防护等方面的安全教育。

（4）学校应当对学生开展安全防范教育，使学生掌握基本的自我保护技能，应对不法侵害。学校应当对学生开展交通安全教育，使学生掌握基本的交通规则和行为规范。学校应当对学生开展消防安全教育，有条件的可以组织学生到当地消防站参观和体验，使学生掌握基本的消防安全知识，提高防火意识和逃生自救的能力。学校应当根据当地实际情况，有针对性地对学生开展到江河湖海、水库等地方戏水、游泳的安全卫生教育。

（5）学校可根据当地实际情况，组织师生开展多种形式的事故预防演练。学校应当每学期至少开展一次针对洪水、地震、火灾等灾害事故的紧急疏散演练，使师生掌握避险、逃生、自救的方法。

☞ **相关法条**

《教育法》第73条

《中小学幼儿园安全管理办法》

★ **第三十六条 【校车安全管理制度】** 使用校车的学校、幼儿园应当建立健全校车安全管理制度，配备安全管理人员，定期对校车进行安全检查，对校车驾驶人进行安全教育，并向未成年人讲解校车安全乘坐知识，培养未成年人校车安全事故应急处理技能。

☞ **相关法条**

《校车安全管理条例》

★★ **第三十七条 【突发事件处置】** 学校、幼儿园应当根据需要，制定应对自然灾害、事故灾难、公共卫生事件等突发事件和意外伤害的预案，配备相应设施并定期进行必要的演练。

未成年人在校内、园内或者本校、本园组织的校外、园外活动中发生人身伤害事故的，学校、幼儿园应当立即救护，妥善处理，及时通知未成年人的父母或者其他监护人，并向有关部门报告。

注释

《民法典》第1199条规定，无民事行为能力人在幼儿园、学校或者其他教育机构学习、生活期间受到人身损害的，幼儿园、学校或者其他教育机构应当承担侵权责任；但是，能够证明尽到教育、管理职责的，不承担侵权责任。

第1200条规定，限制民事行为能力人在学校或者其他教育机构学习、生活期间受到人身损害，学校或者其他教育机构未尽到教育、管理职责的，应当承担侵权责任。

第1201条规定，无民事行为能力人或者限制民事行为能力人在幼儿园、学校或者其他教育机构学习、生活期间，受到幼儿园、学校或者其他教育机构以外的第三人人身损害的，由第三人承担侵权责任；幼儿园、学校或者其他教育机构未尽到管理职责的，承担相应的补充责任。幼儿园、学校或者其他教育机构承担补充责任后，可以向第三人追偿。

☞ 相关法条

《教育法》第73条

《中小学幼儿园安全管理办法》

☆☆ 第三十八条　【禁止商业行为】 学校、幼儿园不得安排未成年人参加商业性活动，不得向未成年人及其父母或者其他监护人推销或者要求其购买指定的商品和服务。

学校、幼儿园不得与校外培训机构合作为未成年人提供有偿课程辅导。

☆☆ **第三十九条　【防治学生欺凌】** 学校应当建立学生欺凌防控工作制度，对教职员工、学生等开展防治学生欺凌的教育和培训。

学校对学生欺凌行为应当立即制止，通知实施欺凌和被欺凌未成年学生的父母或者其他监护人参与欺凌行为的认定和处理；对相关未成年学生及时给予心理辅导、教育和引导；对相关未成年学生的父母或者其他监护人给予必要的家庭教育指导。

对实施欺凌的未成年学生，学校应当根据欺凌行为的性质和程度，依法加强管教。对严重的欺凌行为，学校不得隐瞒，应当及时向公安机关、教育行政部门报告，并配合相关部门依法处理。

典型案例

朱某等寻衅滋事案①

——依法惩治校园欺凌

被告人朱某等5人均系某校在校女生（犯罪时均未满18周岁），2017年2月28日，5名被告人在女生宿舍楼内，采用辱骂、殴打、逼迫下跪等方式侮辱女生高某某（17岁），并无故殴打、辱骂女生张某某（15岁）。经鉴定，2名被害人的伤情构成轻微伤，5名被告人的行为还造成被害人高某某无法正常生活、学习的严重后果。法院经审理认为，被告人朱某等人随意殴打和辱骂他人，造成2人轻微伤，严重影响他人生活，侵犯公民人身权利，破坏社会秩序，构成寻衅滋事罪，且系共同犯罪。据此，以寻衅滋事罪依法分别判处5名被告人11个月至1年不等的有期徒刑。

校园欺凌问题关系到未成年人的健康成长，也牵系着每一个家庭的敏感神经，已成为全社会关注的热点问题。本案就是一起典型的校园欺凌行为构成犯罪的案件。本案中，5名被告人的行为已经不仅仅是同学伙伴之间的打闹

① 参见最高人民法院官网：《保护未成年人权益十大优秀案例》，https：//www. court. gov. cn/zixun - xiangqing - 161502. html。最后访问时间：2022年4月28日。

玩笑，也不仅仅是一般的违反校规校纪的行为，而是触犯刑法应当受到刑罚惩处的犯罪行为。对此类行为，如果仅仅因被告人系未成年人而“大事化小，小事化了”，就会纵容犯罪，既不利于被告人今后的健康成长，更不利于保护同是未成年人的被害人。本案裁判法院充分考虑5名被告人主观恶性和行为的社会危害性，对其分别判处相应的实刑，符合罪刑相适应原则，在有效维护了未成年被害人合法权益的同时，也给在校学生上了一堂生动的法治课。

★ **第四十条　【防治性侵害、性骚扰】** 学校、幼儿园应当建立预防性侵害、性骚扰未成年人工作制度。对性侵害、性骚扰未成年人等违法犯罪行为，学校、幼儿园不得隐瞒，应当及时向公安机关、教育行政部门报告，并配合相关部门依法处理。

学校、幼儿园应当对未成年人开展适合其年龄的性教育，提高未成年人防范性侵害、性骚扰的自我保护意识和能力。对遭受性侵害、性骚扰的未成年人，学校、幼儿园应当及时采取相关的保护措施。

☞ **相关法条**

《刑法》第236条、第237条、第358条、第359条

《民法典》第1010条

第四十一条　【参照适用规定】 婴幼儿照护服

务机构、早期教育服务机构、校外培训机构、校外托管机构等应当参照本章有关规定，根据不同年龄阶段未成年人的成长特点和规律，做好未成年人保护工作。

▶▶小测试◀◀①

1. 学校应当建立未成年学生保护工作制度，健全学生行为规范，培养未成年学生遵纪守法的良好行为习惯。(　　)

2. 学校、幼儿园的教职员工可以对未成年人实施体罚、变相体罚。(　　)

3. 学校应当关心、爱护未成年学生，不得因家庭、身体、心理、学习能力等情况歧视学生。(　　)

4. 学校不必组织未成年学生参加与其年龄相适应的日常生活劳动、生产劳动和服务性劳动。(　　)

5. 幼儿园、校外培训机构不得对学龄前未成年人进行小学课程教育。(　　)

6. 学校、幼儿园可以与校外培训机构合作为未成年人提供有偿课程辅导。(　　)

7. 学校对学生欺凌行为应当立即制止。(　　)

---

① 【答案】1. √。2. ×，解析：《未成年人保护法》第 27 条。3. √。4. ×，解析：《未成年人保护法》第 31 条。5. √。6. ×，解析：《未成年人保护法》第 38 条。7. √。8. A。9. 受教育；开除；变相开除。10. 校车安全管理；安全管理。

8. 学校应当配合政府有关部门建立（　　）未成年学生、（　　）未成年学生的信息档案，开展关爱帮扶工作。

A. 留守；困境　　B. 留守；单亲

C. 贫困；困境　　D. 残疾；贫困

9. 学校应当保障未成年学生____的权利，不得违反国家规定____、____未成年学生。

10. 使用校车的学校、幼儿园应当建立健全____制度，配备____人员，定期对校车进行安全检查，对校车驾驶人进行安全教育。

第四章　社会保护

★★ **第四十二条　【社会保护的基本内容】**全社会应当树立关心、爱护未成年人的良好风尚。

国家鼓励、支持和引导人民团体、企业事业单位、社会组织以及其他组织和个人，开展有利于未成年人健康成长的社会活动和服务。

第四十三条　【居民委员会、村民委员会工作职责】居民委员会、村民委员会应当设置专人专岗负责未成年人保护工作，协助政府有关部门宣传未成年人保护方面的法律法规，指导、帮助和监督未成年人的父母或者其他监护人依法履行监护职责，建立留守未成年人、困境未成年人的信息档案并给予关爱帮扶。

居民委员会、村民委员会应当协助政府有关部门监督未成年人委托照护情况，发现被委托人缺乏照护能力、怠于履行照护职责等情况，应当及时向政府有关部门报告，并告知未成年人的父母或者其他监护人，帮助、督促被委托人履行照护职责。

注释

国务院《关于加强困境儿童保障工作的意见》指出，村（居）民委员会要设立由村（居）民委员会委员、大学生村官或者专业社会工作者等担（兼）任的儿童福利督导员或儿童权利监察员，负责困境儿童保障政策宣传和日常工作，通过全面排查、定期走访及时掌握困境儿童家庭、监护、就学等基本情况，指导监督家庭依法履行抚养义务和监护职责，并通过村（居）民委员会向乡镇人民政府（街道办事处）报告情况。村（居）民委员会对于发现的困境儿童及其家庭，属于家庭经济贫困、儿童自身残疾等困难情形的，要告知或协助其申请相关社会救助、社会福利等保障；属于家庭监护缺失或监护不当导致儿童人身安全受到威胁或侵害的，要落实强制报告责任；并积极协助乡镇人民政府（街道办事处）、民政部门、妇儿工委办公室和教育、卫生计生、人力资源社会保障等部门及公安机关、残联组织开展困境儿童保障工作。

☞ **相关法条**

《城市居民委员会组织法》第3条

《村民委员会组织法》第9条

★★ **第四十四条　【公用场馆的优惠政策】** 爱国主义教育基地、图书馆、青少年宫、儿童活动中心、儿童之家应当对未成年人免费开放；博物馆、纪念馆、科技馆、展览馆、美术馆、文化馆、社区公益性互联网上网服务场所以及影剧院、体育场馆、动物园、植物园、公园等场所，应当按照有关规定对未成年人免费或者优惠开放。

国家鼓励爱国主义教育基地、博物馆、科技馆、美术馆等公共场馆开设未成年人专场，为未成年人提供有针对性的服务。

国家鼓励国家机关、企业事业单位、部队等开发自身教育资源，设立未成年人开放日，为未成年人主题教育、社会实践、职业体验等提供支持。

国家鼓励科研机构和科技类社会组织对未成年人开展科学普及活动。

★★ **第四十五条　【未成年人免费或者优惠乘坐交通工具】** 城市公共交通以及公路、铁路、水路、航空客运等应当按照有关规定对未成年人实施免费或者优惠票价。

注释

交通运输部、国家发展改革委《关于深化道路运输价格改革的意见》明确规定，除9座及以下客车外，符合条件的儿童享受免费乘车或者客票半价优待。具体条件为：每一成人旅客可携带1名6周岁（含6周岁）以下或者身高1.2米（含1.2米）以下、且不单独占用座位的儿童免费乘车，需单独占用座位或者超过1名时超过的人数执行客票半价优待，并提供座位；6~14周岁或者身高为1.2~1.5米的儿童乘车执行客票半价优待，并提供座位。证明儿童年龄的有效身份证件包括中华人民共和国居民身份证、中华人民共和国临时居民身份证、港澳台居民居住证、港澳居民来往内地通行证、台湾居民来往大陆通行证、护照、外国人永久居留身份证等。在客车满载情况下免费乘车儿童数量不得超过核定载客人数的10%（舍去小数位取整）。

第四十六条　【母婴设施的配备】国家鼓励大型公共场所、公共交通工具、旅游景区景点等设置母婴室、婴儿护理台以及方便幼儿使用的坐便器、洗手台等卫生设施，为未成年人提供便利。

第四十七条　【不得限制针对未成年人的照顾或者优惠】任何组织或者个人不得违反有关规定，限制未成年人应当享有的照顾或者优惠。

★★ **第四十八条　【鼓励有利于未成年人健康成长的创作】** 国家鼓励创作、出版、制作和传播有利于未成年人健康成长的图书、报刊、电影、广播电视节目、舞台艺术作品、音像制品、电子出版物和网络信息等。

注释

《未成年人节目管理规定》第8条规定，国家支持、鼓励含有下列内容的未成年人节目的制作、传播：(1) 培育和弘扬社会主义核心价值观；(2) 弘扬中华优秀传统文化、革命文化和社会主义先进文化；(3) 引导树立正确的世界观、人生观、价值观；(4) 发扬中华民族传统家庭美德，树立优良家风；(5) 符合未成年人身心发展规律和特点；(6) 保护未成年人合法权益和情感，体现人文关怀；(7) 反映未成年人健康生活和积极向上的精神面貌；(8) 普及自然和社会科学知识；(9) 其他符合国家支持、鼓励政策的内容。

☞ **相关法条**

《网络安全法》第13条

★ **第四十九条　【新闻媒体的责任】** 新闻媒体应当加强未成年人保护方面的宣传，对侵犯未成年人合法权益的行为进行舆论监督。新闻媒体采访报道涉及未成年人事件应当客观、审慎和适度，不得侵犯未成年人的名誉、隐私和其他合法权益。

注释

根据国家互联网信息办公室《关于进一步加强对网上未成年人犯罪和欺凌事件报道管理的通知》的规定，网站登载涉及未成年人犯罪和欺凌事件报道，原则上应采用中央主要新闻媒体的报道。确有必要使用其他来源稿件时，要严格进行核实，由网站总编辑签发，保留签发证明及依据。网站不得在首页及新闻频道要闻位置登载未成年人犯罪和欺凌事件报道，不得在博客、微博、论坛、贴吧、弹窗、导航、搜索引擎等位置推荐相关报道，不得制作专题或集纳相关报道。

在涉及未成年人的网上报道中，不得对涉及未成年人体罚、侮辱人格尊严行为、校园暴力以及未成年人犯罪情节等进行渲染报道。在对未成年人犯罪案件进行网上报道时，不得披露未成年人的姓名、住所、照片及可能推断出该未成年人的资料。不得披露未成年人的个人信息，避免对未成年人造成二次伤害。在涉及未成年人的网上报道中，严禁使用未经处理的涉未成年人暴力、血腥、色情、恐怖等违法视频及图片。

☆☆ **第五十条　【禁止危害未成年人身心健康的内容】** 禁止制作、复制、出版、发布、传播含有宣扬淫秽、色情、暴力、邪教、迷信、赌博、引诱自杀、恐怖主义、分裂主义、极端主义等危害未成年人身心健康内容的图书、报刊、电影、广播电视节目、舞台艺术作品、音像制品、电子出版物和网络信息等。

注释

《未成年人节目管理规定》第9条规定，未成年人节目不得含有下列内容：(1) 渲染暴力、血腥、恐怖，教唆犯罪或者传授犯罪方法；(2) 除健康、科学的性教育之外的涉性话题、画面；(3) 肯定、赞许未成年人早恋；(4) 诋毁、歪曲或者以不当方式表现中华优秀传统文化、革命文化、社会主义先进文化；(5) 歪曲民族历史或者民族历史人物，歪曲、丑化、亵渎、否定英雄烈士事迹和精神；(6) 宣扬、美化、崇拜曾经对我国发动侵略战争和实施殖民统治的国家、事件、人物；(7) 宣扬邪教、迷信或者消极颓废的思想观念；(8) 宣扬或者肯定不良的家庭观、婚恋观、利益观；(9) 过分强调或者过度表现财富、家庭背景、社会地位；(10) 介绍或者展示自杀、自残和其他易被未成年人模仿的危险行为及游戏项目等；(11) 表现吸毒、滥用麻醉药品、精神药品和其他违禁药物；(12) 表现吸烟、售烟和酗酒；（13）表现违反社会公共道德、扰乱社会秩序等不良举止行为；（14）渲染帮会、黑社会组织的各类仪式；（15）宣传、介绍不利于未成年人身心健康的网络游戏；（16）法律、行政法规禁止的其他内容。以科普、教育、警示为目的，制作、传播的节目中确有必要出现上述内容的，应当根据节目内容采取明显图像或者声音等方式予以提示，在显著位置设置明确提醒，并对相应画面、声音进行技术处理，避免过分展示。

第五十一条　【提示可能影响未成年人身心健康的内容】任何组织或者个人出版、发布、传播的图书、报刊、电影、广播电视节目、舞台艺术作品、音像制品、电子出版物或者网络信息，包含可能影响未成年人身心健康内容的，应当以显著方式作出提示。

第五十二条　【禁止儿童色情制品】禁止制作、复制、发布、传播或者持有有关未成年人的淫秽色情物品和网络信息。

★★ **第五十三条　【与未成年人有关的广告管理】**任何组织或者个人不得刊登、播放、张贴或者散发含有危害未成年人身心健康内容的广告；不得在学校、幼儿园播放、张贴或者散发商业广告；不得利用校服、教材等发布或者变相发布商业广告。

注释

学校、幼儿园是未成年人主要的学习、活动场所，应当是一个不受干扰的、健康的成长空间，在其中举办的任何社会活动都应当有利于未成年人健康成长。广告活动作为商业性活动，其主要目的在于宣传商品或者服务，在学校、幼儿园开展广告活动，不仅会对学生和幼儿正常的学习生活造成干扰，而且还可能因不适当的宣传方式或内容对他们的身心健康成长造成不良影响。因此，应当禁止在中小学校、幼儿园内通过任何媒介和形式直接或者间接地开展介绍商品或者服务，宣传企业形象和品牌的广告活动。

☞ **相关法条**

《广告法》第 10 条、第 39 条、第 40 条

《广播电视广告播出管理办法》第 8 条、第 25 条、第 26 条

《未成年人节目管理规定》第 18 条

☆☆ **第五十四条　【禁止严重侵犯未成年人权益的行为】** 禁止拐卖、绑架、虐待、非法收养未成年人，禁止对未成年人实施性侵害、性骚扰。

禁止胁迫、引诱、教唆未成年人参加黑社会性质组织或者从事违法犯罪活动。

禁止胁迫、诱骗、利用未成年人乞讨。

典型案例

谢某某组织、领导黑社会性质组织、寻衅滋事、聚众斗殴、敲诈勒索、开设赌场、故意伤害案①

2017年2月，谢某某刑满释放后，纠集刑满释放和社会闲散人员詹某某、陈某某等人，先后拉拢、招募、吸收18名未成年人（其中15名在校学生），在某市某区某村实施寻衅滋事、敲诈勒索等违法犯罪活动，逐步形成以谢某某为组织、领导者，詹某某等人为骨干成员，陈某某和翁某某（未成年人）、余某某（未成年人），以及16名未满16周岁的未成年人为参加者的黑社会性质组织。在某区内形成重大影响，严重破坏经济和社会生活秩序。

某省市区三级人民检察院分别成立指导组和专案组，依法快捕快诉。审慎认定未成年人涉黑恶势力犯罪，对参加黑社会性质组织时间不长、参与实施违法犯罪活动较少的1名未成年人不认定参加黑社会性质组织罪；对认定参加黑社会性质组织罪的2名未成年人提出从轻处罚的量刑建议，得到法院支持。

① 参见最高人民检察院官网：《依法严惩利用未成年人实施黑恶势力犯罪典型案例》，https：//www. spp. gov. cn/xwfbh/wsfbh/202004/t20200423_ 459435. shtml。最后访问时间：2022年4月28日。

2018年12月20日，某区人民法院依法判处谢某某犯组织、领导黑社会性质组织罪、寻衅滋事罪、聚众斗殴罪、敲诈勒索罪、开设赌场罪、故意伤害罪，数罪并罚，决定执行有期徒刑13年6个月，并处没收个人全部财产。16名未被追究刑事责任的未成年人经帮教后考入中专、中职学校8人，继续在初中部学习2人，就业6人。

☞ **相关法条**

《刑法》第29条、第236条、第237条、第239条、第240条、第260条、第262条、第262条之一、第262条之二、第301条、第347条、第353条

《民法典》第1010条

《最高人民法院、最高人民检察院、公安部、司法部关于依法严惩利用未成年人实施黑恶势力犯罪的意见》

第五十五条　【对生产、销售用于未成年人产品的要求】生产、销售用于未成年人的食品、药品、玩具、用具和游戏游艺设备、游乐设施等，应当符合国家或者行业标准，不得危害未成年人的人身安全和身心健康。上述产品的生产者应当在显著位置标明注意事项，未标明注意事项的不得销售。

☆☆ **第五十六条　【公共场所的安全保障义务】**未成年人集中活动的公共场所应当符合国家或者行业安全

标准，并采取相应安全保护措施。对可能存在安全风险的设施，应当定期进行维护，在显著位置设置安全警示标志并标明适龄范围和注意事项；必要时应当安排专门人员看管。

大型的商场、超市、医院、图书馆、博物馆、科技馆、游乐场、车站、码头、机场、旅游景区景点等场所运营单位应当设置搜寻走失未成年人的安全警报系统。场所运营单位接到求助后，应当立即启动安全警报系统，组织人员进行搜寻并向公安机关报告。

公共场所发生突发事件时，应当优先救护未成年人。

注释

根据《突发事件应对法》的规定，突发事件是指突然发生，造成或者可能造成严重社会危害，需要采取应急处置措施予以应对的自然灾害、事故灾难、公共卫生事件和社会安全事件。当公共场所发生突发事件时，需要对在场的人员进行紧急救助。未成年人由于其身心特点，自救的知识和技能相对较少，自救能力更弱，在发生突发事件时，更需要得到救助。因此，本条第3款规定，公共场所发生突发事件时，应当优先救护未成年人，这也是对未成年人给予优先保护的具体体现。需要注意的是，这种优先救护是相对于成年人，在同等紧迫程度和救助条件下实施的。

★★ **第五十七条　【住宿经营者安全保护义务】**旅馆、宾馆、酒店等住宿经营者接待未成年人入住，或者接待未成年人和成年人共同入住时，应当询问父母或者其他监护人的联系方式、入住人员的身份关系等有关情况；发现有违法犯罪嫌疑的，应当立即向公安机关报告，并及时联系未成年人的父母或者其他监护人。

☞ **相关法条**

《治安管理处罚法》第56条

《旅馆业治安管理办法》第6条、第9条

☆☆ **第五十八条　【不适宜未成年人活动场所设置与服务的限制】**学校、幼儿园周边不得设置营业性娱乐场所、酒吧、互联网上网服务营业场所等不适宜未成年人活动的场所。营业性歌舞娱乐场所、酒吧、互联网上网服务营业场所等不适宜未成年人活动场所的经营者，不得允许未成年人进入；游艺娱乐场所设置的电子游戏设备，除国家法定节假日外，不得向未成年人提供。经营者应当在显著位置设置未成年人禁入、限入标志；对难以判明是否是未成年人的，应当要求其出示身份证件。

☆ 第五十九条　【对未成年人禁售烟、酒和彩票】 学校、幼儿园周边不得设置烟、酒、彩票销售网点。禁止向未成年人销售烟、酒、彩票或者兑付彩票奖金。烟、酒和彩票经营者应当在显著位置设置不向未成年人销售烟、酒或者彩票的标志；对难以判明是否是未成年人的，应当要求其出示身份证件。

任何人不得在学校、幼儿园和其他未成年人集中活动的公共场所吸烟、饮酒。

注释

“学校”包括本法附则中规定的各类学校，“幼儿园”包括公立幼儿园、私立幼儿园等。“烟”主要是指卷烟、雪茄烟、烟丝、复烤烟叶等烟草制品。“酒”是指酒精度（乙醇含量）大于0.5%（体积分数）的含酒精饮料，包括发酵酒、蒸馏酒、配制酒、食用酒精以及其他含有酒精成分的饮品，经国家有关部门依法批准生产的药酒、保健食品酒类也包括在内。“彩票”是指国家为筹集社会公益资金，促进社会公益事业发展而特许发行、依法销售，自然人自愿购买，并按照特定规则获得中奖机会的凭证。

需要注意的是，本法只作了原则性的规定，并没有具体规定“周边”的空间距离，由有关部门和地方根据实际情况具体规定。

第六十条　【禁止向未成年人提供、销售危险物品】 禁止向未成年人提供、销售管制刀具或者其他可能致人严重伤害的器具等物品。经营者难以判明购买者是否是未成年人的，应当要求其出示身份证件。

☆☆ **第六十一条　【劳动保护】** 任何组织或者个人不得招用未满十六周岁未成年人，国家另有规定的除外。

营业性娱乐场所、酒吧、互联网上网服务营业场所等不适宜未成年人活动的场所不得招用已满十六周岁的未成年人。

招用已满十六周岁未成年人的单位和个人应当执行国家在工种、劳动时间、劳动强度和保护措施等方面的规定，不得安排其从事过重、有毒、有害等危害未成年人身心健康的劳动或者危险作业。

任何组织或者个人不得组织未成年人进行危害其身心健康的表演等活动。经未成年人的父母或者其他监护人同意，未成年人参与演出、节目制作等活动，活动组织方应当根据国家有关规定，保障未成年人合法权益。

注释

《未成年工特殊保护规定》第3条规定，用人单位不得安排未成年工从事以下范围的劳动：(1)《生产性粉尘作业危害程度分级》国家标准中第一级以上的接尘作业；(2)《有毒作业分级》国家标准中第一级以上的有毒作业；(3)《高处作业分级》国家标准中第二级以上的高处作业；(4)《冷水作业分级》国家标准中第二级以上的冷水作业；(5)《高温作业分级》国家标准中第三级以上的高温作业；(6)《低温作业分级》国家标准中第三级以上的低温作业；(7)《体力劳动强度分级》国家标准中第四级体力劳动强度的作业；(8) 矿山井下及矿山地面采石作业；(9) 森林业中的伐木、流放及守林作业；(10) 工作场所接触放射性物质的作业；(11) 有易燃易爆、化学性烧伤和热烧伤等危险性大的作业；(12) 地质勘探和资源勘探的野外作业；(13) 潜水、涵洞、涵道作业和海拔3000米以上的高原作业（不包括世居高原者）；(14) 连续负重每小时在6次以上并每次超过20公斤，间断负重每次超过25公斤的作业；(15) 使用凿岩机、捣固机、气镐、气铲、铆钉机、电锤的作业；(16) 工作中需要长时间保持低头、弯腰、上举、下蹲等强迫体位和动作频率每分钟大于50次的流水线作业；(17) 锅炉司炉。

☞ **相关法条**

《劳动法》第15条、第58条、第64条、第65条

《禁止使用童工规定》

★★ **第六十二条　【从业查询】** 密切接触未成年人的单位招聘工作人员时，应当向公安机关、人民检察院查询应聘者是否具有性侵害、虐待、拐卖、暴力伤害等违法犯罪记录；发现其具有前述行为记录的，不得录用。

密切接触未成年人的单位应当每年定期对工作人员是否具有上述违法犯罪记录进行查询。通过查询或者其他方式发现其工作人员具有上述行为的，应当及时解聘。

★★ **第六十三条　【通信自由和通信秘密】** 任何组织或者个人不得隐匿、毁弃、非法删除未成年人的信件、日记、电子邮件或者其他网络通讯内容。

除下列情形外，任何组织或者个人不得开拆、查阅未成年人的信件、日记、电子邮件或者其他网络通讯内容：

（一）无民事行为能力未成年人的父母或者其他监护人代未成年人开拆、查阅；

（二）因国家安全或者追查刑事犯罪依法进行检查；

（三）紧急情况下为了保护未成年人本人的人身安全。

注释

任何组织或者个人不得开拆、查阅未成年人的信件、日记、电子邮件或者其他网络通讯内容。对于该规定有三个例外情形：(1) 无民事行为能力未成年人的父母或者其他监护人代未成年人开拆、查阅，这是监护人正常履行监护职责的内容。(2) 因国家安全或者追查刑事犯罪依法进行检查。例如，《国家安全法》第77条中规定，公民和组织应当如实提供所知悉的涉及危害国家安全活动的证据，为国家安全工作提供便利条件或者其他协助，向国家安全机关、公安机关和有关军事机关提供必要的支持和协助。(3) 紧急情况下为了保护未成年人本人的人身安全。例如，在未成年人下落不明时为了查找其下落，通过恰当方式查阅其网络通讯内容等信息，是出于保护其人身安全的需要，不是侵犯其隐私权和通信秘密。

☞ 相关法条

《宪法》第 40 条

《民法典》第 110 条、第 111 条

《邮政法》第 3 条

《刑法》第 252 条、第 253 条

▶▶小测试◀◀①

1. 爱国主义教育基地、图书馆、青少年宫、儿童活动中心、儿童之家应当对未成年人优惠开放。(　　)
2. 国家鼓励科研机构和科技类社会组织对未成年人开展科学普及活动。(　　)
3. 根据《未成年人保护法》的规定，公共场所发生突发事件时，应当优先救护（　　）。

A. 未成年人　　B. 妇女

C. 男性　　D. 老年人

4. 新闻媒体采访报道涉及未成年人事件应当（　　），不得侵犯未成年人的名誉、隐私和其他合法权益。

A. 客观　　B. 严谨

C. 审慎　　D. 适度

5. 国家鼓励创作、____、制作和____有利于未成年人健康成

---

① 【答案】1. ×，解析：《未成年人保护法》第 44 条。2. √。3. A。4. ACD。5. 出版；传播；广播电视节目；音像制品；网络信息。6. 复制；持有；淫秽色情。7. 拐卖；虐待；收养。

长的图书、报刊、电影、____、舞台艺术作品、____、电子出版物和____等。

6. 禁止制作、____、发布、传播或者____有关未成年人的____物品和网络信息。

7. 禁止____、绑架、____、非法____未成年人。

第五章 网络保护

★★ **第六十四条 【网络素养】**国家、社会、学校和家庭应当加强未成年人网络素养宣传教育，培养和提高未成年人的网络素养，增强未成年人科学、文明、安全、合理使用网络的意识和能力，保障未成年人在网络空间的合法权益。

注释

“培养和提高未成年人的网络素养”，主要包括增强未成年人科学、文明、安全、合理使用网络的意识和能力。网络是未成年人获取知识的重要渠道，增强科学使用网络意识和能力，可以使未成年人正确掌握利用网络的技能，从而利用网络获取更多知识等，以适应网络社会需要。

“文明使用网络”，主要是强调未成年人在网络空间要规范自己的行为，遵守网络空间行为规范，如尊重他人的合法权益，文明交流沟通，不实施低俗、暴力等不文明行为。

“安全使用网络”，主要是增强安全防范意识和能力，如对网络诈骗、网络不良信息等的识别和防范意识和能力。

"合理使用网络"，意味着需要正确认识网络的作用，适度使用网络，避免网络沉迷等情况的发生。

第六十五条　【健康网络内容创作与传播】 国家鼓励和支持有利于未成年人健康成长的网络内容的创作与传播，鼓励和支持专门以未成年人为服务对象、适合未成年人身心健康特点的网络技术、产品、服务的研发、生产和使用。

☞ **相关法条**

《网络安全法》第13条

第六十六条　【监督检查和执法】 网信部门及其他有关部门应当加强对未成年人网络保护工作的监督检查，依法惩处利用网络从事危害未成年人身心健康的活动，为未成年人提供安全、健康的网络环境。

★ **第六十七条　【可能影响健康的网络信息】** 网信部门会同公安、文化和旅游、新闻出版、电影、广播电视等部门根据保护不同年龄阶段未成年人的需要，确定可能影响未成年人身心健康网络信息的种类、范围和判断标准。

★★ **第六十八条　【沉迷网络的预防和干预】** 新闻出版、教育、卫生健康、文化和旅游、网信等部门应当定期开展预防未成年人沉迷网络的宣传教育，监督网络产品和服务提供者履行预防未成年人沉迷网络的义务，指导家庭、学校、社会组织互相配合，采取科学、合理的方式对未成年人沉迷网络进行预防和干预。

任何组织或者个人不得以侵害未成年人身心健康的方式对未成年人沉迷网络进行干预。

注释

未成年人沉迷网络的危害主要在于：一是沉迷网络会造成未成年人因过度上网而睡眠不足，注意力、视力下降等症状，严重影响其身体机能的健康发育；二是导致未成年人沉迷的网络产品和服务中可能含有色情、暴力等危害和可能影响未成年人身心健康内容的信息，未成年人沉迷其中不可避免地会受到上述信息的影响，其会对未成年人的心理健康造成严重影响，如未成年人因沉迷网络暴力游戏引发违法犯罪案件的情况早已屡见不鲜；三是沉迷网络使未成年人的大量时间花费在网络虚拟世界中，不仅会使未成年人逐渐忽略学习，造成学习成绩下降甚至学业荒废等结果，而且会阻碍未成年人正常的人际交往，无法有效实现未成年人的社会化。

★ **第六十九条　【网络保护软件】**学校、社区、图书馆、文化馆、青少年宫等场所为未成年人提供的互联网上网服务设施，应当安装未成年人网络保护软件或者采取其他安全保护技术措施。

智能终端产品的制造者、销售者应当在产品上安装未成年人网络保护软件，或者以显著方式告知用户未成年人网络保护软件的安装渠道和方法。

第七十条　【学校对未成年学生沉迷网络的预防和处理】 学校应当合理使用网络开展教学活动。未经学校允许，未成年学生不得将手机等智能终端产品带入课堂，带入学校的应当统一管理。

学校发现未成年学生沉迷网络的，应当及时告知其父母或者其他监护人，共同对未成年学生进行教育和引导，帮助其恢复正常的学习生活。

注释

《未成年人学校保护规定》第33、34条规定，学校可以禁止学生携带手机等智能终端产品进入学校或者在校园内使用；对经允许带入的，应当统一管理，除教学需要外，禁止带入课堂。学校应当将科学、文明、安全、合理使用网络纳入课程内容，对学生进行网络安全、网络文明和防止沉迷网络的教育，预防和干预学生过度使用网络。

第七十一条　【监护人的网络保护义务】未成年人的父母或者其他监护人应当提高网络素养，规范自身使用网络的行为，加强对未成年人使用网络行为的引导和监督。

未成年人的父母或者其他监护人应当通过在智能终端产品上安装未成年人网络保护软件、选择适合未成年人的服务模式和管理功能等方式，避免未成年人接触危害或者可能影响其身心健康的网络信息，合理安排未成年人使用网络的时间，有效预防未成年人沉迷网络。

☆☆ **第七十二条　【个人信息处理规定以及更正权、删除权】**信息处理者通过网络处理未成年人个人信息的，应当遵循合法、正当和必要的原则。处理不满十四周岁未成年人个人信息的，应当征得未成年人的父母或者其他监护人同意，但法律、行政法规另有规定的除外。

未成年人、父母或者其他监护人要求信息处理者更正、删除未成年人个人信息的，信息处理者应当及时采取措施予以更正、删除，但法律、行政法规另有规定的除外。

注释

信息处理者通过网络处理未成年人个人信息的，应当遵循合法、正当和必要的原则。合法原则，即信息处理者处理个人信息必须有合法性基础，且处理的方法应当符合法律法规的规定。正当原则，即处理个人信息除要遵循合法原则外，信息处理的目的和手段还要正当，应当尊重公序良俗和遵守诚信原则，并且要尽量满足透明的要求，以便能够充分保障信息主体的知情权。必要原则，即处理个人信息的目的应当特定，处理应当依据特定、明确的目的进行，禁止超出目的范围处理个人信息。

☞ **相关法条**

《个人信息保护法》

《网络安全法》第 4 条

《民法典》第 1035 条

《儿童个人信息网络保护规定》

第七十三条　【私密信息的提示和保护义务】网络服务提供者发现未成年人通过网络发布私密信息的，应当及时提示，并采取必要的保护措施。

★★ **第七十四条　【预防网络沉迷的一般性规定】**网络产品和服务提供者不得向未成年人提供诱导其沉迷的产品和服务。

网络游戏、网络直播、网络音视频、网络社交等网络服务提供者应当针对未成年人使用其服务设置相应的时间管理、权限管理、消费管理等功能。

以未成年人为服务对象的在线教育网络产品和服务，不得插入网络游戏链接，不得推送广告等与教学无关的信息。

注释

本条第3款对未成年人经常使用的在线教育作出了防沉迷的规定。需要说明的是：第一，本款从保护未成年人的目的出发，只是对以未成年人为服务对象的在线教育网络产品和服务作了规定，而不是对所有在线教育网络产品和服务的普遍规定。第二，本款并未将义务主体限定为在线教育网络产品和服务提供者，而是对所有的网络产品和服务提供者均提出了要求。第三，“不得推送广告”并非禁止在线教育网络产品和服务提供者一切展示和推广其相关课程信息的行为，而是指不得在为未成年人提供课程服务的过程中，向其推送相关广告。

典型案例

依法调解退还未成年人160万元直播“打赏”案①

刘某生于2002年，初中辍学。2018年10月23日至2019年1月5日，刘某使用父母银行卡多次向某科技公司账户转账打赏直播平台主播，打赏金额近160万元。刘某父母得知后，要求该科技公司退还全部打赏金额，遭该公司拒绝。后刘某诉至法院。经法院调解，2021年3月，该科技公司返还打赏款项。

本案是司法机关优先保护限制民事行为能力人权益的典型案例。《未成年人保护法》规定，“网络游戏、网络直播、网络音视频、网络社交等网络服务提供者应当针对未成年人使用其服务设置相应的时间管理、权限管理、消费管理等功能”。本案中司法机关就未成年人通过网络直播平台“打赏”方式支出与其年龄、智力不相适应的款项的行为，依照相关规定调解返还款项，有助于优先保护未成年人合法权益，并引导相关网络公司强化社会责任。

① 参见共青团中央权益部官方微信公众号：《2021年度依法维护未成年人权益典型案件发布》。最后访问时间：2022年4月28日。

☆☆☆ 第七十五条 【网络游戏服务提供者的义务】 网络游戏经依法审批后方可运营。

国家建立统一的未成年人网络游戏电子身份认证系统。网络游戏服务提供者应当要求未成年人以真实身份信息注册并登录网络游戏。

网络游戏服务提供者应当按照国家有关规定和标准，对游戏产品进行分类，作出适龄提示，并采取技术措施，不得让未成年人接触不适宜的游戏或者游戏功能。

网络游戏服务提供者不得在每日二十二时至次日八时向未成年人提供网络游戏服务。

注释

从时间段来看，“每日22时至次日8时”正是未成年人应当休息的时间，通过禁止该时间段玩游戏，在一定程度上是对未成年人发育和体质的保障；从监护和管理角度来看，这一时间段也是监护人和监管者管理最薄弱的时间，以时间段的限制来实现网络游戏管理，也有助于防止未成年人上网脱管现象发生。

典型案例

网游公司超时提供未成年人游戏服务被处罚案①

2021 年 6 月，某市文化和旅游局执法大队执法检查发现，某网络科技有限公司在每日 22 时后向未成年人提供其自营的网络游戏服务。经固定证据，执法总队对该公司作出警告、并处罚款人民币 10 万元的行政处罚，对直接负责的主管人员作出罚款人民币 1 万元的行政处罚。

本案是行政机关为防止未成年人网络沉迷保驾护航的典型案例。《未成年人保护法》规定，“网络游戏服务提供者不得在每日二十二时至次日八时向未成年人提供网络游戏服务”。执法部门依照相关规定，加强对网络游戏行业的执法监管，有助于敦促网络游戏企业履行法律责任和社会责任，共同保护未成年人健康成长。

★★ 第七十六条　【网络直播服务提供者的义务】 网络直播服务提供者不得为未满十六周岁的未成年人提供网络直播发布者账号注册服务；为年满十六周岁的未成年人提供网络直播发布者账号注册服务时，应当

① 参见共青团中央权益部官方微信公众号：《2021 年度依法维护未成年人权益典型案件发布》。最后访问时间：2022 年 4 月 28 日。

对其身份信息进行认证，并征得其父母或者其他监护人同意。

第七十七条　【禁止实施网络欺凌】 任何组织或者个人不得通过网络以文字、图片、音视频等形式，对未成年人实施侮辱、诽谤、威胁或者恶意损害形象等网络欺凌行为。

遭受网络欺凌的未成年人及其父母或者其他监护人有权通知网络服务提供者采取删除、屏蔽、断开链接等措施。网络服务提供者接到通知后，应当及时采取必要的措施制止网络欺凌行为，防止信息扩散。

注释

本条是关于禁止对未成年人进行网络欺凌的规定，包括两个方面的内容。一方面，禁止对未成年人进行网络欺凌。只要通过网络以文字、图片、音视频等形式，对未成年人实施侮辱、诽谤、威胁或者恶意损害形象等行为，即使只有一次，也是网络欺凌行为。另一方面，当未成年人遇到网络欺凌时，网络服务提供者应当及时采取保护措施。遭受网络欺凌的未成年人及其父母或者其他监护人任何一方都有权通知网络服务提供者，网络服务提供者接到通知后应当及时采取删除、屏蔽、断开链接等措施制止网络欺凌行为，防止信息在得到通知后进一步扩散。

第七十八条　【接受投诉、举报】网络产品和服务提供者应当建立便捷、合理、有效的投诉和举报渠道，公开投诉、举报方式等信息，及时受理并处理涉及未成年人的投诉、举报。

第七十九条　【投诉、举报权】任何组织或者个人发现网络产品、服务含有危害未成年人身心健康的信息，有权向网络产品和服务提供者或者网信、公安等部门投诉、举报。

★ **第八十条　【对用户行为的安全管理义务】**网络服务提供者发现用户发布、传播可能影响未成年人身心健康的信息且未作显著提示的，应当作出提示或者通知用户予以提示；未作出提示的，不得传输相关信息。

网络服务提供者发现用户发布、传播含有危害未成年人身心健康内容的信息的，应当立即停止传输相关信息，采取删除、屏蔽、断开链接等处置措施，保存有关记录，并向网信、公安等部门报告。

网络服务提供者发现用户利用其网络服务对未成年人实施违法犯罪行为的，应当立即停止向该用户提供网络服务，保存有关记录，并向公安机关报告。

▶▶小测试◀◀①

1. 任何组织或者个人不得以侵害未成年人身心健康的方式对未成年人沉迷网络进行干预。(　　)

2. 网络游戏经依法审批后方可运营。(　　)

3. 网络直播服务提供者不得为未满18周岁的未成年人提供网络直播发布者账号注册服务。(　　)

4. 网络产品和服务提供者应当建立便捷、合理、有效的投诉和举报渠道，公开投诉、举报方式等信息，及时受理并处理涉及未成年人的投诉、举报。(　　)

5. 未成年人的父母或者其他监护人应当提高网络素养，规范自身使用网络的行为，加强对未成年人使用网络行为的（　　）。

A. 引导和监督　　B. 指导和监督

C. 指导和监管　　D. 引导和监管

6. 处理不满（　　）周岁未成年人个人信息的，应当征得未成年人的父母或者其他监护人同意，但法律、行政法规另有规定的除外。

A. 12　　B. 14

---

① 【答案】1. √。2. √。3. ×，解析：《未成年人保护法》第76条。4. √。5. A。6. B。7. 创作与传播；研发、生产和使用。8. 22；8。9. 文字、图片、音视频；网络欺凌。10. 投诉、举报。

C. 16　　　　　　　　D. 18

7. 国家鼓励和支持有利于未成年人健康成长的网络内容的____，鼓励和支持专门以未成年人为服务对象、适合未成年人身心健康特点的网络技术、产品、服务的____。

8. 网络游戏服务提供者不得在每日____时至次日____时向未成年人提供网络游戏服务。

9. 任何组织或者个人不得通过网络以____等形式，对未成年人实施侮辱、诽谤、威胁或者恶意损害形象等____行为。

10. 任何组织或者个人发现网络产品、服务含有危害未成年人身心健康的信息，有权向网络产品和服务提供者或者网信、公安等部门____。

第六章　政府保护

★ **第八十一条　【政府、基层自治组织未成年人保护工作的落实主体】** 县级以上人民政府承担未成年人保护协调机制具体工作的职能部门应当明确相关内设机构或者专门人员，负责承担未成年人保护工作。

乡镇人民政府和街道办事处应当设立未成年人保护工作站或者指定专门人员，及时办理未成年人相关事务；支持、指导居民委员会、村民委员会设立专人专岗，做好未成年人保护工作。

第八十二条　【家庭教育指导服务】 各级人民政府应当将家庭教育指导服务纳入城乡公共服务体系，开展家庭教育知识宣传，鼓励和支持有关人民团体、企业事业单位、社会组织开展家庭教育指导服务。

★★ **第八十三条　【政府保障未成年人受教育的权利】** 各级人民政府应当保障未成年人受教育的权利，并采取措施保障留守未成年人、困境未成年人、残疾未成年人接受义务教育。

对尚未完成义务教育的辍学未成年学生，教育行政部门应当责令父母或者其他监护人将其送入学校接受义务教育。

注释

接受义务教育是适龄未成年人的权利，需要特别关注和保障留守未成年人、困境未成年人、残疾未成年人等弱势未成年人群体接受义务教育。

典型案例

镇人民政府申请执行义务教育行政处罚决定书案①

马某为适龄入学儿童，其监护人马某哈、赵某无正当理由，未将马某按时送入学校接受九年义务教育。经某镇人民政府认定，马某哈、赵某的行为违反了《义务教育法》的规定，于2018年9月作出行政处罚决定书，对马某哈、赵某处以罚款，并责令将马某送入学校就读。被执行人马某哈、赵某收到行政处罚决定书后，在法定期限内未申请复议，也未提起诉讼，且拒不履行行政处罚决定。镇人民政府于2019年3月向人民法院申请强制执行。

① 参见最高人民法院官网：《最高人民法院发布依法严惩侵害未成年人权益典型案例》，https：//www. court. gov. cn/zixun-xiangqing-229981. html。最后访问时间：2022年4月28日。

人民法院依法裁定，准予强制执行某镇人民政府作出的行政处罚决定书。裁定作出后，经法院多次执行，两名被执行人拒不履行义务。法院对被执行人马某哈依法作出了行政拘留15日的决定书。在拘留期间，被执行人马某哈、赵某履行了行政处罚决定书所确定的义务，马某现已入学就读。

☞ **相关法条**

《宪法》第46条

《义务教育法》第13条、第58条

第八十四条　【发展托育、学前教育事业】各级人民政府应当发展托育、学前教育事业，办好婴幼儿照护服务机构、幼儿园，支持社会力量依法兴办母婴室、婴幼儿照护服务机构、幼儿园。

县级以上地方人民政府及其有关部门应当培养和培训婴幼儿照护服务机构、幼儿园的保教人员，提高其职业道德素质和业务能力。

★★ **第八十五条　【职业教育及职业技能培训】**各级人民政府应当发展职业教育，保障未成年人接受职业教育或者职业技能培训，鼓励和支持人民团体、企业事业单位、社会组织为未成年人提供职业技能培训服务。

注释

未成年人作为祖国的希望，民族的未来，也是即将进入劳动力市场的生力军。政府保障未成年人接受职业技能培训，有助于全面提升未成年人的就业创业能力，同时缓解技能人才短缺的结构性矛盾，是适应经济高质量发展、培育经济发展新动能、推进供给侧结构性改革的内在要求，对推动大众创业万众创新、推进制造强国建设、提高全要素生产率、推动经济迈上中高端具有重要意义。

第八十六条　【残疾未成年人接受教育的权利】 各级人民政府应当保障具有接受普通教育能力、能适应校园生活的残疾未成年人就近在普通学校、幼儿园接受教育；保障不具有接受普通教育能力的残疾未成年人在特殊教育学校、幼儿园接受学前教育、义务教育和职业教育。

各级人民政府应当保障特殊教育学校、幼儿园的办学、办园条件，鼓励和支持社会力量举办特殊教育学校、幼儿园。

第八十七条　【政府保障校园安全】 地方人民政府及其有关部门应当保障校园安全，监督、指导学校、幼儿园等单位落实校园安全责任，建立突发事件的报告、处置和协调机制。

☆ **第八十八条　【政府保障校园周边安全】** 公安机关和其他有关部门应当依法维护校园周边的治安和交通秩序，设置监控设备和交通安全设施，预防和制止侵害未成年人的违法犯罪行为。

☞ **相关法条**

《中小学幼儿园安全管理办法》第8条、第13条、第48~54条

第八十九条　【未成年人活动场所建设和维护、学校文化体育设施的免费或者优惠开放】 地方人民政府应当建立和改善适合未成年人的活动场所和设施，支持公益性未成年人活动场所和设施的建设和运行，鼓励社会力量兴办适合未成年人的活动场所和设施，并加强管理。

地方人民政府应当采取措施，鼓励和支持学校在国家法定节假日、休息日及寒暑假期将文化体育设施对未成年人免费或者优惠开放。

地方人民政府应当采取措施，防止任何组织或者个人侵占、破坏学校、幼儿园、婴幼儿照护服务机构等未成年人活动场所的场地、房屋和设施。

★★ **第九十条　【卫生保健、传染病防治和心理健康】** 各级人民政府及其有关部门应当对未成年人进行卫生保健和营养指导，提供卫生保健服务。

卫生健康部门应当依法对未成年人的疫苗预防接种进行规范，防治未成年人常见病、多发病，加强传染病防治和监督管理，做好伤害预防和干预，指导和监督学校、幼儿园、婴幼儿照护服务机构开展卫生保健工作。

教育行政部门应当加强未成年人的心理健康教育，建立未成年人心理问题的早期发现和及时干预机制。卫生健康部门应当做好未成年人心理治疗、心理危机干预以及精神障碍早期识别和诊断治疗等工作。

★ **第九十一条　【对困境未成年人实施分类保障】** 各级人民政府及其有关部门对困境未成年人实施分类保障，采取措施满足其生活、教育、安全、医疗康复、住房等方面的基本需要。

☞ **相关法条**

《民法典》第 31 条、第 34 条、第 36 条

《社会救助暂行办法》第 50 条

★★★ **第九十二条　【民政部门临时监护】** 具有下列情形之一的，民政部门应当依法对未成年人进行临时

监护：

（一）未成年人流浪乞讨或者身份不明，暂时查找不到父母或者其他监护人；

（二）监护人下落不明且无其他人可以担任监护人；

（三）监护人因自身客观原因或者因发生自然灾害、事故灾难、公共卫生事件等突发事件不能履行监护职责，导致未成年人监护缺失；

（四）监护人拒绝或者怠于履行监护职责，导致未成年人处于无人照料的状态；

（五）监护人教唆、利用未成年人实施违法犯罪行为，未成年人需要被带离安置；

（六）未成年人遭受监护人严重伤害或者面临人身安全威胁，需要被紧急安置；

（七）法律规定的其他情形。

★★ **第九十三条　【临时监护的具体方式】**对临时监护的未成年人，民政部门可以采取委托亲属抚养、家庭寄养等方式进行安置，也可以交由未成年人救助保护机构或者儿童福利机构进行收留、抚养。

临时监护期间，经民政部门评估，监护人重新具备履行监护职责条件的，民政部门可以将未成年人送回监护人抚养。

注释

最高人民法院、最高人民检察院、公安部、民政部《关于依法处理监护人侵害未成年人权益行为若干问题的意见》指出，未成年人救助保护机构可以组织社会工作服务机构等社会力量，对监护人开展监护指导、心理疏导等教育辅导工作，并对未成年人的家庭基本情况、监护情况、监护人悔过情况、未成年人身心健康状况以及未成年人意愿等进行调查评估。未成年人救助保护机构应当与公安机关、村（居）民委员会、学校以及未成年人亲属等进行会商，根据案件侦办查处情况说明、调查评估报告和监护人接受教育辅导等情况，并征求有表达能力的未成年人意见，形成会商结论。经会商认为未成年人面临的相关危险状态已消除，监护人能够正确履行监护职责的，未成年人救助保护机构应当及时通知监护人领回未成年人。

第九十四条 【长期监护的法定情形】 具有下列情形之一的，民政部门应当依法对未成年人进行长期监护：

（一）查找不到未成年人的父母或者其他监护人；

（二）监护人死亡或者被宣告死亡且无其他人可以担任监护人；

（三）监护人丧失监护能力且无其他人可以担任

监护人；

（四）人民法院判决撤销监护人资格并指定由民政部门担任监护人；

（五）法律规定的其他情形。

第九十五条　【民政部门长期监护未成年人的收养】 民政部门进行收养评估后，可以依法将其长期监护的未成年人交由符合条件的申请人收养。收养关系成立后，民政部门与未成年人的监护关系终止。

注释

大量实践经验表明，未成年人最合适、最科学的替代养育方式是家庭化养育和收养，其中收养是困境未成年人回归家庭、融入社会的重要方式。丧失父母的孤儿、查找不到生父母的未成年人、生父母有特殊困难无力抚养的子女，可以被收养。孤儿的监护人、儿童福利机构、有特殊困难无力抚养子女的生父母可以作为送养人。其中丧失父母的孤儿、查找不到生父母的未成年人、生父母有特殊困难无力抚养的子女等被国家长期监护的，不影响其被收养的权利。

☞ **相关法条**

《民法典》第1093~1118条

第九十六条　【民政部门承担国家监护职责的政府支持和机构建设】民政部门承担临时监护或者长期监护职责的，财政、教育、卫生健康、公安等部门应当根据各自职责予以配合。

县级以上人民政府及其民政部门应当根据需要设立未成年人救助保护机构、儿童福利机构，负责收留、抚养由民政部门监护的未成年人。

☆☆ **第九十七条　【建设全国统一的未成年人保护热线，支持社会力量共建未成年人保护平台】**县级以上人民政府应当开通全国统一的未成年人保护热线，及时受理、转介侵犯未成年人合法权益的投诉、举报；鼓励和支持人民团体、企业事业单位、社会组织参与建设未成年人保护服务平台、服务热线、服务站点，提供未成年人保护方面的咨询、帮助。

注释

根据民政部《关于确定全国统一的儿童救助保护热线试点地区的通知》规定，国家试点开通全国统一未成年人保护热线，确定5个省（区）、14个市为全国统一的儿童救助保护热线试点地区，设置统一热线号码，明确儿童救助保护热线受理内容包括儿童救助保护相关政策法规咨询服务、各类侵害未成年人权益案件线索、儿童心理问题疏导、情绪抚慰等服务、帮扶转介服务、儿童生活困难求助受理等。统一热线开通的同时，国家要求地方民政部门要建立或明确专门机构及团队负责热线运行全面工作。已设立未成年人救助保护机构的地方可依托未成年人救助保护机构负责热线受理和运营工作；未设立未成年人救助保护机构的可采取购买服务或委托儿童保护类社会组织负责热线受理等具体事宜。

☆ 第九十八条　【违法犯罪人员信息查询系统】 国家建立性侵害、虐待、拐卖、暴力伤害等违法犯罪人员信息查询系统，向密切接触未成年人的单位提供免费查询服务。

注释

为推动建立未成年人权益保护和涉未成年人犯罪预防长效机制，本法创设了密切接触未成年人行业的从业查询及禁止制度，并规定了国家责任。一是国家建机制。由最高人民法院、最高人民检察院、公安部联合建立信息共享工作机制，有关部门履行好统筹、指导职责。二是国家设平台。加快统一的信息查询平台建设，实现有关部门与公安部相关部门之间信息共享与服务平台对接，密切接触未成年人单位与有关部门对接，实现违法犯罪人员信息核查。

三是国家提供免费查询。关于具体的查询程序、要求等由国家有关部门统一制定后予以公布。

第九十九条　【培育、引导和规范社会力量参与未成年人保护工作】地方人民政府应当培育、引导和规范有关社会组织、社会工作者参与未成年人保护工作，开展家庭教育指导服务，为未成年人的心理辅导、康复救助、监护及收养评估等提供专业服务。

▶▶小测试◀◀①

1. 各级人民政府应当将家庭教育指导服务纳入城乡公共服务体系，开展家庭教育知识宣传，鼓励和支持有关人民团体、企业事业单位、社会组织开展家庭教育指导服务。(　　)
2. 乡级以上地方人民政府及其有关部门应当培养和培训婴幼儿照护服务机构、幼儿园的保教人员，提高其职业道德素质和业务能力。(　　)
3. 对临时监护的未成年人，(　　)可以采取委托亲属抚养、家庭寄养等方式进行安置，也可以交由未成年人救助保护机构或者儿童福利机构进行收留、抚养。

① 【答案】1. √。2. ×，解析：《未成年人保护法》第84条。3. D。4. ABC。5. 监控设备；交通安全设施。

A. 村委会　　　　　　　B. 居委会

C. 街道办事处　　　　　D. 民政部门

4. 各级人民政府应当保障未成年人受教育的权利，并采取措施保障（　　）接受义务教育。

A. 留守未成年人　　　　B. 困境未成年人

C. 残疾未成年人　　　　D. 疾病未成年人

5. 公安机关和其他有关部门应当依法维护校园周边的治安和交通秩序，设置____和____，预防和制止侵害未成年人的违法犯罪行为。

第七章　司法保护

★ **第一百条　【司法机关职责】**公安机关、人民检察院、人民法院和司法行政部门应当依法履行职责，保障未成年人合法权益。

★★ **第一百零一条　【专门机构、专门人员及评价考核标准】**公安机关、人民检察院、人民法院和司法行政部门应当确定专门机构或者指定专门人员，负责办理涉及未成年人案件。办理涉及未成年人案件的人员应当经过专门培训，熟悉未成年人身心特点。专门机构或者专门人员中，应当有女性工作人员。

公安机关、人民检察院、人民法院和司法行政部门应当对上述机构和人员实行与未成年人保护工作相适应的评价考核标准。

第一百零二条　【未成年人案件中语言、表达方式】公安机关、人民检察院、人民法院和司法行政部门办理涉及未成年人案件，应当考虑未成年人身心特点和健康成长的需要，使用未成年人能够理解的语言和表达方式，听取未成年人的意见。

★★ **第一百零三条　【个人信息保护】**公安机关、人民检察院、人民法院、司法行政部门以及其他组织和个人不得披露有关案件中未成年人的姓名、影像、住所、就读学校以及其他可能识别出其身份的信息，但查找失踪、被拐卖未成年人等情形除外。

注释

大多数关于未成年人隐私权和个人信息保护的现行规定，是针对犯罪案件的未成年被告人或被害人。实践中，涉及未成年人的案件较为多样，关于离婚、抚养、收养、监护、探望、继承等民事案件以及行政案件也较多涉及未成年人，这些案件中未成年人的隐私和个人信息也应当受到特别保护。

☞ **相关法条**

《民法典》第 1032 条、第 1034 条

《社区矫正法》第 54 条

《个人信息保护法》第 28 条、第 31 条

★ **第一百零四条　【法律援助、司法救助】** 对需要法律援助或者司法救助的未成年人，法律援助机构或者公安机关、人民检察院、人民法院和司法行政部门应当给予帮助，依法为其提供法律援助或者司法救助。

法律援助机构应当指派熟悉未成年人身心特点的

律师为未成年人提供法律援助服务。

法律援助机构和律师协会应当对办理未成年人法律援助案件的律师进行指导和培训。

注释

《法律援助法》第25条规定，刑事案件的犯罪嫌疑人、被告人属于下列人员之一，没有委托辩护人的，人民法院、人民检察院、公安机关应当通知法律援助机构指派律师担任辩护人：(1) 未成年人；(2) 视力、听力、言语残疾人；(3) 不能完全辨认自己行为的成年人；(4) 可能被判处无期徒刑、死刑的人；(5) 申请法律援助的死刑复核案件被告人；(6) 缺席审判案件的被告人；(7) 法律法规规定的其他人员。

第一百零五条　【检察监督】人民检察院通过行使检察权，对涉及未成年人的诉讼活动等依法进行监督。

★★ **第一百零六条　【公益诉讼】**未成年人合法权益受到侵犯，相关组织和个人未代为提起诉讼的，人民检察院可以督促、支持其提起诉讼；涉及公共利益的，人民检察院有权提起公益诉讼。

注释

《人民检察院公益诉讼办案规则》第 97 条规定，人民检察院在刑事案件提起公诉时，对破坏生态环境和资源保护，食品药品安全领域侵害众多消费者合法权益，侵犯未成年人合法权益，侵害英雄烈士等的姓名、肖像、名誉、荣誉等损害社会公共利益的违法行为，可以向人民法院提起刑事附带民事公益诉讼。

☆ 第一百零七条　【继承权、受遗赠权和受抚养权保护】 人民法院审理继承案件，应当依法保护未成年人的继承权和受遗赠权。

人民法院审理离婚案件，涉及未成年子女抚养问题的，应当尊重已满八周岁未成年子女的真实意愿，根据双方具体情况，按照最有利于未成年子女的原则依法处理。

注释

《民法典》第 1084 条规定，离婚后，父母对于子女仍有抚养、教育、保护的权利和义务。离婚后，不满 2 周岁的子女，以由母亲直接抚养为原则。已满 2 周岁的子女，父母双方对抚养问题协议不成的，由人民法院根据双方的具体情况，按照最有利于未成年子女的原则判决。子女已满 8 周岁的，应当尊重其真实意愿。

☞ **相关法条**

《民法典》第 1084 条、第 1124 条、第 1128 条、第 1130 条、第 1133 条、第 1152 条、第 1155 条

第一百零八条 【人身安全保护令、撤销监护人资格】 未成年人的父母或者其他监护人不依法履行监护职责或者严重侵犯被监护的未成年人合法权益的，人民法院可以根据有关人员或者单位的申请，依法作出人身安全保护令或者撤销监护人资格。

被撤销监护人资格的父母或者其他监护人应当依法继续负担抚养费用。

注释

最高人民法院、最高人民检察院、公安部、民政部《关于依法处理监护人侵害未成年人权益行为若干问题的意见》第 35 条规定，未成年人的父母有下列情形之一的，根据有关单位和人员的申请，人民法院可以判决撤销其监护人资格：(1) 性侵害、出卖、遗弃、虐待、暴力伤害未成年人，严重损害未成年人身心健康的；(2) 将未成年人置于无人监管和照看的状态，导致未成年人面临死亡或者严重伤害危险，经教育不改的；(3) 拒不履行监护职责长达 6 个月以上，导致未成年人流离失所或者生活无着的；(4) 有吸毒、赌博、长期酗酒等恶习无法正确履行监护职

责或者因服刑等原因无法履行监护职责，且拒绝将监护职责部分或者全部委托给他人，致使未成年人处于困境或者危险状态的；(5) 胁迫、诱骗、利用未成年人乞讨，经公安机关和未成年人救助保护机构等部门 3 次以上批评教育拒不改正，严重影响未成年人正常生活和学习的；(6) 教唆、利用未成年人实施违法犯罪行为，情节恶劣的；(7) 有其他严重侵害未成年人合法权益行为的。

★★ **第一百零九条　【社会调查】** 人民法院审理离婚、抚养、收养、监护、探望等案件涉及未成年人的，可以自行或者委托社会组织对未成年人的相关情况进行社会调查。

☆☆ **第一百一十条　【法定代理人、合适成年人到场】** 公安机关、人民检察院、人民法院讯问未成年犯罪嫌疑人、被告人，询问未成年被害人、证人，应当依法通知其法定代理人或者其成年亲属、所在学校的代表等合适成年人到场，并采取适当方式，在适当场所进行，保障未成年人的名誉权、隐私权和其他合法权益。

人民法院开庭审理涉及未成年人案件，未成年被害人、证人一般不出庭作证；必须出庭的，应当采取保护其隐私的技术手段和心理干预等保护措施。

注 释

《刑事诉讼法》第 281 条规定，对于未成年人刑事案件，在讯问和审判的时候，应当通知未成年犯罪嫌疑人、被告人的法定代理人到场。无法通知、法定代理人不能到场或者法定代理人是共犯的，也可以通知未成年犯罪嫌疑人、被告人的其他成年亲属，所在学校、单位、居住地基层组织或者未成年人保护组织的代表到场，并将有关情况记录在案。到场的法定代理人可以代为行使未成年犯罪嫌疑人、被告人的诉讼权利。到场的法定代理人或者其他人员认为办案人员在讯问、审判中侵犯未成年人合法权益的，可以提出意见。讯问笔录、法庭笔录应当交给到场的法定代理人或者其他人员阅读或者向他宣读。询问未成年被害人、证人，同样适用上述规定。

第一百一十一条　【特定未成年被害人司法保护】公安机关、人民检察院、人民法院应当与其他有关政府部门、人民团体、社会组织互相配合，对遭受性侵害或者暴力伤害的未成年被害人及其家庭实施必要的心理干预、经济救助、法律援助、转学安置等保护措施。

☆☆ 第一百一十二条　【同步录音录像等保护措施】 公安机关、人民检察院、人民法院办理未成年人遭受性侵害或者暴力伤害案件，在询问未成年被害人、证人时，应当采取同步录音录像等措施，尽量一次完成；未成年被害人、证人是女性的，应当由女性工作人员进行。

☆☆ 第一百一十三条　【违法犯罪未成年人的保护方针和原则】 对违法犯罪的未成年人，实行教育、感化、挽救的方针，坚持教育为主、惩罚为辅的原则。

对违法犯罪的未成年人依法处罚后，在升学、就业等方面不得歧视。

注释

《预防未成年人犯罪法》第57条规定，未成年人的父母或者其他监护人和学校、居民委员会、村民委员会对接受社区矫正、刑满释放的未成年人，应当采取有效的帮教措施，协助司法机关以及有关部门做好安置帮教工作。第58条规定，刑满释放和接受社区矫正的未成年人，在复学、升学、就业等方面依法享有与其他未成年人同等的权利，任何单位和个人不得歧视。

典型案例

未成年被告人贾某某诈骗案①

——教育、感化、挽救失足少年

2019年1月至2020年3月，未成年被告人贾某某因参加电竞比赛需要资金，采用化名，虚报年龄，谎称经营新媒体公司，以网上刷单返利等为幌子，诱骗多名被害人在网络平台购买充值卡，或是诱骗被害人在支付宝等小额贷款平台借款后供其使用，骗得人民币共计30余万元。到案后，贾某某如实供述了上述犯罪事实。法院审理期间，贾某某父亲对被害人退赔，获得被害人的谅解。

本案审理过程中，人民法院委托社工对被告人贾某某进行了详细社会调查。调查显示，贾某某幼时读书成绩优秀，曾获省奥数竞赛第四名和全国奥数竞赛铜奖，后因父母闹离婚而选择辍学，独自一人到外地生活，与家人缺乏沟通联络。父母监护的缺失，法律意识的淡薄，是贾某某走上违法犯罪道路的原因。法官找准切入点，有针对性地确定帮教措施，积极促进退赔谅解，充分发挥法庭教育及亲情感化作用，积极与被告人原户籍地社区矫正机构联系，认为对其适用缓刑，不致危害社会。

① 参见最高人民法院官网：《未成年人权益司法保护典型案例》，https：//www. court. gov. cn/zixun－xiangqing－347931. html。最后访问时间：2022年4月28日。

法院经审理认为，贾某某系未成年人，到案后能如实供述犯罪事实，自愿认罪认罚，其父亲已代为退赔被害人经济损失，取得被害人谅解。经综合考量，对其依法从轻处罚，以诈骗罪判处贾某某有期徒刑 3 年，缓刑 3 年，并处罚金人民币 3 万元。

本案是一起对犯罪的未成年人坚持“教育、感化、挽救”方针和“教育为主，惩罚为辅”原则，帮助其重回人生正轨的典型案例。在审理过程中，人民法院采用了圆桌审判、社会调查、法庭教育、“政法一条龙”和“社会一条龙”等多项未成年人审判特色工作机制，平等保护非本地籍未成年被告人的合法权益，充分发挥法律的警醒、教育和亲情的感化作用，将审判变成失足少年的人生转折点。案件审结后，法官持续跟踪帮教，被告人贾某某深刻认识到自身的错误，积极反省，在法官的积极协调下，贾某某回到高中学习备战高考。

☞ 相关法条

《预防未成年人犯罪法》第五章

第一百一十四条　【司法机关对未尽保护职责单位的监督】公安机关、人民检察院、人民法院和司法行政部门发现有关单位未尽到未成年人教育、管理、救助、看护等保护职责的，应当向该单位提出建议。

被建议单位应当在一个月内作出书面回复。

第一百一十五条　【司法机关开展未成年人法治宣传教育】公安机关、人民检察院、人民法院和司法行政部门应当结合实际，根据涉及未成年人案件的特点，开展未成年人法治宣传教育工作。

第一百一十六条　【社会组织、社会工作者参与未成年人司法保护】国家鼓励和支持社会组织、社会工作者参与涉及未成年人案件中未成年人的心理干预、法律援助、社会调查、社会观护、教育矫治、社区矫正等工作。

▶▶小测试◀◀①

1. 公安机关、人民检察院、人民法院和司法行政部门办理涉及未成年人案件，应当考虑未成年人身心特点和健康成长的需要，使用未成年人能够理解的语言和表达方式，听取未成年人的意见。(　　)
2. 人民法院开庭审理涉及未成年人案件，未成年被害人、证人一般不出庭作证；必须出庭的，应当采取保护其隐私的技术手段和心理干预等保护措施。(　　)

① 【答案】1. √。2. √。3. ×，解析：《未成年人保护法》第114条。4. √。5. A。6. B。7. 熟悉未成年人身心特点。8. 监督。9. 社会调查。10. 法治宣传教育。

3. 公安机关、人民检察院、人民法院和司法行政部门发现有关单位未尽到未成年人教育、管理、救助、看护等保护职责的，应当向该单位提出建议。被建议单位应当在15个工作日内作出书面回复。(　　)

4. 国家鼓励和支持社会组织、社会工作者参与涉及未成年人案件中未成年人的心理干预、法律援助、社会调查、社会观护、教育矫治、社区矫正等工作。(　　)

5. 办理涉及未成年人案件的人员应当经过专门培训，熟悉未成年人身心特点。专门机构或者专门人员中，应当有(　　)工作人员。

A. 女性　　B. 心理学

C. 年长　　D. 医疗

6. 对违法犯罪的未成年人，实行教育、感化、挽救的方针，坚持(　　)的原则。

A. 教育为重、惩罚为轻　　B. 教育为主、惩罚为辅

C. 教育为先、惩罚为后　　D. 教育为辅、惩罚为主

7. 法律援助机构应当指派____的律师为未成年人提供法律援助服务。

8. 人民检察院通过行使检察权，对涉及未成年人的诉讼活动等依法进行____。

9. 人民法院审理离婚、抚养、收养、监护、探望等案件涉及未成年人的，可以自行或者委托社会组织对未成年人的相

关情况进行____。

10. 公安机关、人民检察院、人民法院和司法行政部门应当结合实际，根据涉及未成年人案件的特点，开展未成年人____工作。

第八章 法律责任

★★ **第一百一十七条 【违反强制报告义务的法律责任】** 违反本法第十一条第二款规定，未履行报告义务造成严重后果的，由上级主管部门或者所在单位对直接负责的主管人员和其他直接责任人员依法给予处分。

注释

最高人民检察院、国家监察委员会、教育部、公安部、民政部、司法部、国家卫生健康委员会、中国共产主义青年团中央委员会、中华全国妇女联合会《关于建立侵害未成年人案件强制报告制度的意见（试行）》第16条规定，负有报告义务的单位及其工作人员未履行报告职责，造成严重后果的，由其主管行政机关或者本单位依法对直接负责的主管人员或者其他直接责任人员给予相应处分；构成犯罪的，依法追究刑事责任。相关单位或者单位主管人员阻止工作人员报告的，予以从重处罚。第17条规定，对于行使公权力的公职人员长期不重视强制报告工作，不按规定落实强制报告制度要求的，根据其情节、后果等情况，监察委员会应当依法对相关单位和失职失责人员进行问责，对涉嫌职务违法犯罪的依法调查处理。

第一百一十八条　【监护人不履行监护职责或者侵犯未成年人合法权益的法律责任】未成年人的父母或者其他监护人不依法履行监护职责或者侵犯未成年人合法权益的，由其居住地的居民委员会、村民委员会予以劝诫、制止；情节严重的，居民委员会、村民委员会应当及时向公安机关报告。

公安机关接到报告或者公安机关、人民检察院、人民法院在办理案件过程中发现未成年人的父母或者其他监护人存在上述情形的，应当予以训诫，并可以责令其接受家庭教育指导。

★★ **第一百一十九条　【学校等机构及其教职员工的法律责任】**学校、幼儿园、婴幼儿照护服务等机构及其教职员工违反本法第二十七条、第二十八条、第三十九条规定的，由公安、教育、卫生健康、市场监督管理等部门按照职责分工责令改正；拒不改正或者情节严重的，对直接负责的主管人员和其他直接责任人员依法给予处分。

注释

学校、幼儿园、婴幼儿照护服务等机构及其教职员工对未成年人实施体罚、变相体罚或者有其他侮辱人格尊严的行为的，违反国家规定开除、变相开除未成年学生的，对辍学未成年学生劝返无效未及时向教育行政部门书面报告的，未立即制止学生欺凌行为的，未依法处理学生欺凌事件和开展保护工作的，隐瞒严重欺凌行为的，由公安、教育、卫生健康、市场监督管理等部门按照职责分工责令改正。拒不改正或者情节严重的，对直接负责的主管人员和其他直接责任人员依法给予处分。

第一百二十条　【未给予免费或者优惠待遇的法律责任】违反本法第四十四条、第四十五条、第四十七条规定，未给予未成年人免费或者优惠待遇的，由市场监督管理、文化和旅游、交通运输等部门按照职责分工责令限期改正，给予警告；拒不改正的，处一万元以上十万元以下罚款。

第一百二十一条　【制作、复制、出版、发布、传播危害未成年人出版物的法律责任】违反本法第五十条、第五十一条规定的，由新闻出版、广播电视、电影、网信等部门按照职责分工责令限期改正，给予警告，没收违法所得，可以并处十万元以下罚款；拒不改正或者情节严重的，责令暂停相关业务、停产停业或者吊销营业执照、吊销相关许可证，违法所得一百万元以上的，并处违法所得一倍以上十倍以下的罚款，没有违法所得或者违法所得不足一百万元的，并处十万元以上一百万元以下罚款。

★★ **第一百二十二条　【场所运营单位和住宿经营者的法律责任】** 场所运营单位违反本法第五十六条第二款规定、住宿经营者违反本法第五十七条规定的，由市场监督管理、应急管理、公安等部门按照职责分工责令限期改正，给予警告；拒不改正或者造成严重后果的，责令停业整顿或者吊销营业执照、吊销相关许可证，并处一万元以上十万元以下罚款。

注释

责令停业整顿与责令停产停业相同，是指行政机关要求从事违法生产经营活动的公民、法人或其他组织停止生产、停止经营的处罚形式。责令停业整顿，是对较为严重的违法行为的处罚，是行政机关对违反行政法律规范的行政相对方所采取的限制或剥夺其特定行为能力或资格的一种处罚措施。责令停业整顿的目的是纠正错误，改进工作。被处罚组织或个人在停业整顿期间应当进行整顿，纠正违法行为，行政机关认为其达到恢复运营条件的，才可以重新开展相关业务。

第一百二十三条　【营业性娱乐场所等经营者的法律责任】相关经营者违反本法第五十八条、第五十九条第一款、第六十条规定的，由文化和旅游、市场监督管理、烟草专卖、公安等部门按照职责分工责令限期改正，给予警告，没收违法所得，可以并处五万元以下罚款；拒不改正或者情节严重的，责令停业整顿或者吊销营业执照、吊销相关许可证，可以并处五万元以上五十万元以下罚款。

第一百二十四条　【公共场所吸烟、饮酒的法律责任】违反本法第五十九条第二款规定，在学校、幼儿园和其他未成年人集中活动的公共场所吸烟、饮酒的，由卫生健康、教育、市场监督管理等部门按照职责分工责令改正，给予警告，可以并处五百元以下罚款；场所管理者未及时制止的，由卫生健康、教育、市场监督管理等部门按照职责分工给予警告，并处一万元以下罚款。

★★ **第一百二十五条　【未按规定招用、使用未成年人的法律责任】**违反本法第六十一条规定的，由文化和旅游、人力资源和社会保障、市场监督管理等部门按照职责分工责令限期改正，给予警告，没收违法所得，可以并处十万元以下罚款；拒不改正或者情节严重的，责令停产停业或者吊销营业执照、吊销相关许可证，并处十万元以上一百万元以下罚款。

☞ **相关法条**

《劳动法》第 58 条、第 64 条、第 65 条、第 94 条、第 95 条

第一百二十六条　【密切接触未成年人单位的法律责任】 密切接触未成年人的单位违反本法第六十二条规定，未履行查询义务，或者招用、继续聘用具有相关违法犯罪记录人员的，由教育、人力资源和社会保障、市场监督管理等部门按照职责分工责令限期改正，给予警告，并处五万元以下罚款；拒不改正或者造成严重后果的，责令停业整顿或者吊销营业执照、吊销相关许可证，并处五万元以上五十万元以下罚款，对直接负责的主管人员和其他直接责任人员依法给予处分。

第一百二十七条　【网络产品和服务提供者等的法律责任】 信息处理者违反本法第七十二条规定，或者网络产品和服务提供者违反本法第七十三条、第七十四条、第七十五条、第七十六条、第七十七条、第八十条规定的，由公安、网信、电信、新闻出版、广播电视、文化和旅游等有关部门按照职责分工责令改

正，给予警告，没收违法所得，违法所得一百万元以上的，并处违法所得一倍以上十倍以下罚款，没有违法所得或者违法所得不足一百万元的，并处十万元以上一百万元以下罚款，对直接负责的主管人员和其他责任人员处一万元以上十万元以下罚款；拒不改正或者情节严重的，并可以责令暂停相关业务、停业整顿、关闭网站、吊销营业执照或者吊销相关许可证。

第一百二十八条　【国家机关工作人员渎职的法律责任】国家机关工作人员玩忽职守、滥用职权、徇私舞弊，损害未成年人合法权益的，依法给予处分。

第一百二十九条　【民事责任、治安管理处罚和刑事责任】违反本法规定，侵犯未成年人合法权益，造成人身、财产或者其他损害的，依法承担民事责任。

违反本法规定，构成违反治安管理行为的，依法给予治安管理处罚；构成犯罪的，依法追究刑事责任。

☞ **相关法条**

《民法典》第179条

《治安管理处罚法》第27条、第40~45条

《刑法》第240条、第246条、第253条、第260~262条

▶▶小测试◀◀①

1. 未成年人的父母或者其他监护人不依法履行监护职责或者侵犯未成年人合法权益的，由其居住地的居民委员会、村民委员会予以劝诫、制止；情节严重的，居民委员会、村民委员会应当及时向公安机关报告。(　　)

2. 学校、幼儿园、婴幼儿照护服务等机构及其教职员工违反本法第27条规定的，由公安、教育、卫生健康、市场监督管理等部门按照职责分工责令改正。(　　)

3. 场所运营单位违反本法第56条第2款规定的，由市场监督管理、应急管理、公安等部门按照职责分工责令限期改正，给予警告；拒不改正或者造成严重后果的，责令停业整顿或者吊销营业执照、吊销相关许可证，并处（　　）罚款。

   A. 1万元以上5万元以下　　B. 3万元以上10万元以下

   C. 1万元以上10万元以下　　D. 3万元以上5万元以下

4. 违反本法第59条第2款规定，在学校、幼儿园和其他未成年人集中活动的公共场所吸烟、饮酒的，由卫生健康、教育、市场监督管理等部门按照职责分工____，给予警告，可以并处____以下罚款；场所管理者未及时制止的，由卫生健康、教育、市场监督管理等部门按照职责分工给予警告，并处____以下罚款。

① 【答案】1. √。2. √。3. C。4. 责令改正；500元；1万元。

第九章　附　　则

★ **第一百三十条　【相关概念的含义】** 本法中下列用语的含义：

（一）密切接触未成年人的单位，是指学校、幼儿园等教育机构；校外培训机构；未成年人救助保护机构、儿童福利机构等未成年人安置、救助机构；婴幼儿照护服务机构、早期教育服务机构；校外托管、临时看护机构；家政服务机构；为未成年人提供医疗服务的医疗机构；其他对未成年人负有教育、培训、监护、救助、看护、医疗等职责的企业事业单位、社会组织等。

（二）学校，是指普通中小学、特殊教育学校、中等职业学校、专门学校。

（三）学生欺凌，是指发生在学生之间，一方蓄意或者恶意通过肢体、语言及网络等手段实施欺压、侮辱，造成另一方人身伤害、财产损失或者精神损害的行为。

注释

学生欺凌的概念有四个要件：一是主体，即发生在学生之间；二是过错，即一方蓄意或者恶意；三是方式，即通过肢体、语言及网络等手段实施欺压、侮辱；四是后果，即造成另一方人身伤害、财产损失或者精神损害。只要同时符合以上四个要件，无论是一次还是多次，不管是否具有反复性或者持续性，都构成学生欺凌。

★★ **第一百三十一条 【外国人、无国籍未成年人的保护】** 对中国境内未满十八周岁的外国人、无国籍人，依照本法有关规定予以保护。

第一百三十二条 【施行日期】 本法自 2021 年 6 月 1 日起施行。

附录一　相关规定

中华人民共和国预防未成年人犯罪法

（1999年6月28日第九届全国人民代表大会常务委员会第十次会议通过　根据2012年10月26日第十一届全国人民代表大会常务委员会第二十九次会议《关于修改〈中华人民共和国预防未成年人犯罪法〉的决定》修正　2020年12月26日第十三届全国人民代表大会常务委员会第二十四次会议修订）

第一章　总　　则

第一条　为了保障未成年人身心健康，培养未成年人良好品行，有效预防未成年人违法犯罪，制定本法。

★★ **第二条**　预防未成年人犯罪，立足于教育和保护未成年人相结合，坚持预防为主、提前干预，对未成年人的不良行为和严重不良行为及时进行分级预防、干预和矫治。

第三条 开展预防未成年人犯罪工作，应当尊重未成年人人格尊严，保护未成年人的名誉权、隐私权和个人信息等合法权益。

第四条 预防未成年人犯罪，在各级人民政府组织下，实行综合治理。

国家机关、人民团体、社会组织、企业事业单位、居民委员会、村民委员会、学校、家庭等各负其责、相互配合，共同做好预防未成年人犯罪工作，及时消除滋生未成年人违法犯罪行为的各种消极因素，为未成年人身心健康发展创造良好的社会环境。

第五条 各级人民政府在预防未成年人犯罪方面的工作职责是：

（一）制定预防未成年人犯罪工作规划；

（二）组织公安、教育、民政、文化和旅游、市场监督管理、网信、卫生健康、新闻出版、电影、广播电视、司法行政等有关部门开展预防未成年人犯罪工作；

（三）为预防未成年人犯罪工作提供政策支持和经费保障；

（四）对本法的实施情况和工作规划的执行情况

进行检查；

（五）组织开展预防未成年人犯罪宣传教育；

（六）其他预防未成年人犯罪工作职责。

★★ **第六条** 国家加强专门学校建设，对有严重不良行为的未成年人进行专门教育。专门教育是国民教育体系的组成部分，是对有严重不良行为的未成年人进行教育和矫治的重要保护处分措施。

省级人民政府应当将专门教育发展和专门学校建设纳入经济社会发展规划。县级以上地方人民政府成立专门教育指导委员会，根据需要合理设置专门学校。

专门教育指导委员会由教育、民政、财政、人力资源社会保障、公安、司法行政、人民检察院、人民法院、共产主义青年团、妇女联合会、关心下一代工作委员会、专门学校等单位，以及律师、社会工作者等人员组成，研究确定专门学校教学、管理等相关工作。

专门学校建设和专门教育具体办法，由国务院规定。

第七条 公安机关、人民检察院、人民法院、司法行政部门应当由专门机构或者经过专业培训、熟悉未成年人身心特点的专门人员负责预防未成年人犯罪工作。

第八条 共产主义青年团、妇女联合会、工会、残疾人联合会、关心下一代工作委员会、青年联合会、学生联合会、少年先锋队以及有关社会组织，应当协助各级人民政府及其有关部门、人民检察院和人民法院做好预防未成年人犯罪工作，为预防未成年人犯罪培育社会力量，提供支持服务。

第九条 国家鼓励、支持和指导社会工作服务机构等社会组织参与预防未成年人犯罪相关工作，并加强监督。

★★ **第十条** 任何组织或者个人不得教唆、胁迫、引诱未成年人实施不良行为或者严重不良行为，以及为未成年人实施上述行为提供条件。

★★ **第十一条** 未成年人应当遵守法律法规及社会公共道德规范，树立自尊、自律、自强意识，增强辨别是非和自我保护的能力，自觉抵制各种不良行为以及违法犯罪行为的引诱和侵害。

第十二条 预防未成年人犯罪，应当结合未成年人不同年龄的生理、心理特点，加强青春期教育、心理关爱、心理矫治和预防犯罪对策的研究。

第十三条 国家鼓励和支持预防未成年人犯罪相关学科建设、专业设置、人才培养及科学研究，开展国际交流与合作。

第十四条 国家对预防未成年人犯罪工作有显著成绩的组织和个人，给予表彰和奖励。

第二章 预防犯罪的教育

★ **第十五条** 国家、社会、学校和家庭应当对未成年人加强社会主义核心价值观教育，开展预防犯罪教育，增强未成年人的法治观念，使未成年人树立遵纪守法和防范违法犯罪的意识，提高自我管控能力。

★★ **第十六条** 未成年人的父母或者其他监护人对未成年人的预防犯罪教育负有直接责任，应当依法履行监护职责，树立优良家风，培养未成年人良好品行；发现未成年人心理或者行为异常的，应当及时了解情况并进行教育、引导和劝诫，不得拒绝或者怠于履行监护职责。

第十七条 教育行政部门、学校应当将预防犯罪教育纳入学校教学计划，指导教职员工结合未成年人的特点，采取多种方式对未成年学生进行有针对性的预防犯罪教育。

★ **第十八条** 学校应当聘任从事法治教育的专职或者兼职教师，并可以从司法和执法机关、法学教育和法律服务机构等单位聘请法治副校长、校外法治辅导员。

第十九条 学校应当配备专职或者兼职的心理健康教育教师，开展心理健康教育。学校可以根据实际情况与专业心理健康机构合作，建立心理健康筛查和早期干预机制，预防和解决学生心理、行为异常问题。

学校应当与未成年学生的父母或者其他监护人加强沟通，共同做好未成年学生心理健康教育；发现未成年学生可能患有精神障碍的，应当立即告知其父母或者其他监护人送相关专业机构诊治。

★ **第二十条** 教育行政部门应当会同有关部门建立学生欺凌防控制度。学校应当加强日常安全管理，完善学生欺凌发现和处置的工作流程，严格排查并及时消除可能导致学生欺凌行为的各种隐患。

第二十一条 教育行政部门鼓励和支持学校聘请社会工作者长期或者定期进驻学校，协助开展道德教育、法治教育、生命教育和心理健康教育，参与预防和处理学生欺凌等行为。

第二十二条 教育行政部门、学校应当通过举办讲座、座谈、培训等活动，介绍科学合理的教育方法，指导教职员工、未成年学生的父母或者其他监护人有效预防未成年人犯罪。

学校应当将预防犯罪教育计划告知未成年学生的父母或者其他监护人。未成年学生的父母或者其他监护人应当配合学校对未成年学生进行有针对性的预防犯罪教育。

★★ **第二十三条** 教育行政部门应当将预防犯罪教育的工作效果纳入学校年度考核内容。

第二十四条 各级人民政府及其有关部门、人民检察院、人民法院、共产主义青年团、少年先锋队、妇女联合会、残疾人联合会、关心下一代工作委员会等应当结合实际，组织、举办多种形式的预防未成年人犯罪宣传教育活动。有条件的地方可以建立青少年法治教育基地，对未成年人开展法治教育。

第二十五条 居民委员会、村民委员会应当积极开展有针对性的预防未成年人犯罪宣传活动，协助公安机关维护学校周围治安，及时掌握本辖区内未成年人的监护、就学和就业情况，组织、引导社区社会组织参与预防未成年人犯罪工作。

第二十六条 青少年宫、儿童活动中心等校外活动场所应当把预防犯罪教育作为一项重要的工作内容，开展多种形式的宣传教育活动。

第二十七条 职业培训机构、用人单位在对已满十六周岁准备就业的未成年人进行职业培训时，应当将预防犯罪教育纳入培训内容。

第三章 对不良行为的干预

★★ **第二十八条** 本法所称不良行为，是指未成年人实施的不利于其健康成长的下列行为：

（一）吸烟、饮酒；

（二）多次旷课、逃学；

（三）无故夜不归宿、离家出走；

（四）沉迷网络；

（五）与社会上具有不良习性的人交往，组织或者参加实施不良行为的团伙；

（六）进入法律法规规定未成年人不宜进入的场所；

（七）参与赌博、变相赌博，或者参加封建迷信、邪教等活动；

（八）阅览、观看或者收听宣扬淫秽、色情、暴力、恐怖、极端等内容的读物、音像制品或者网络信息等；

（九）其他不利于未成年人身心健康成长的不良行为。

第二十九条 未成年人的父母或者其他监护人发现未成年人有不良行为的，应当及时制止并加强管教。

第三十条 公安机关、居民委员会、村民委员会发现本辖区内未成年人有不良行为的，应当及时制止，并督促其父母或者其他监护人依法履行监护职责。

☆☆☆ **第三十一条** 学校对有不良行为的未成年学生，应当加强管理教育，不得歧视；对拒不改正或者情节严重的，学校可以根据情况予以处分或者采取以下管理教育措施：

（一）予以训导；

（二）要求遵守特定的行为规范；

（三）要求参加特定的专题教育；

（四）要求参加校内服务活动；

（五）要求接受社会工作者或者其他专业人员的心理辅导和行为干预；

（六）其他适当的管理教育措施。

第三十二条 学校和家庭应当加强沟通，建立家校合作机制。学校决定对未成年学生采取管理教育措施的，应当及时告知其父母或者其他监护人；未成年学生的父母或者其他监护人应当支持、配合学校进行管理教育。

第三十三条 未成年学生偷窃少量财物，或者有殴打、辱骂、恐吓、强行索要财物等学生欺凌行为，情节轻微的，可以由学校依照本法第三十一条规定采取相应的管理教育措施。

★★ **第三十四条** 未成年学生旷课、逃学的，学校应当及时联系其父母或者其他监护人，了解有关情况；无正当理由的，学校和未成年学生的父母或者其他监护人应当督促其返校学习。

第三十五条 未成年人无故夜不归宿、离家出走的，父母或者其他监护人、所在的寄宿制学校应当及时查找，必要时向公安机关报告。

收留夜不归宿、离家出走未成年人的，应当及时联系其父母或者其他监护人、所在学校；无法取得联系的，应当及时向公安机关报告。

★★ **第三十六条** 对夜不归宿、离家出走或者流落街头的未成年人，公安机关、公共场所管理机构等发现或者接到报告后，应当及时采取有效保护措施，并通知其父母或者其他监护人、所在的寄宿制学校，必要时应当护送其返回住所、学校；无法与其父母或者其他监护人、学校取得联系的，应当护送未成年人到救助保护机构接受救助。

★ **第三十七条** 未成年人的父母或者其他监护人、学校发现未成年人组织或者参加实施不良行为的团伙，应当及时制止；发现该团伙有违法犯罪嫌疑的，应当立即向公安机关报告。

第四章 对严重不良行为的矫治

★★★ **第三十八条** 本法所称严重不良行为，是指未成年人实施的有刑法规定、因不满法定刑事责任年龄不予刑事处罚的行为，以及严重危害社会的下列行为：

（一）结伙斗殴，追逐、拦截他人，强拿硬要或者任意损毁、占用公私财物等寻衅滋事行为；

（二）非法携带枪支、弹药或者弩、匕首等国家规定的管制器具；

（三）殴打、辱骂、恐吓，或者故意伤害他人身体；

（四）盗窃、哄抢、抢夺或者故意损毁公私财物；

（五）传播淫秽的读物、音像制品或者信息等；

（六）卖淫、嫖娼，或者进行淫秽表演；

（七）吸食、注射毒品，或者向他人提供毒品；

（八）参与赌博赌资较大；

（九）其他严重危害社会的行为。

第三十九条 未成年人的父母或者其他监护人、学校、居民委员会、村民委员会发现有人教唆、胁迫、引诱未成年人实施严重不良行为的，应当立即向公安机关报告。公安机关接到报告或者发现有上述情形的，应当及时依法查处；对人身安全受到威胁的未成年人，应当立即采取有效保护措施。

第四十条 公安机关接到举报或者发现未成年人有严重不良行为的，应当及时制止，依法调查处理，并可以责令其父母或者其他监护人消除或者减轻违法后果，采取措施严加管教。

☆☆ **第四十一条** 对有严重不良行为的未成年人，公安机关可以根据具体情况，采取以下矫治教育措施：

（一）予以训诫；

（二）责令赔礼道歉、赔偿损失；

（三）责令具结悔过；

（四）责令定期报告活动情况；

（五）责令遵守特定的行为规范，不得实施特定行为、接触特定人员或者进入特定场所；

（六）责令接受心理辅导、行为矫治；

（七）责令参加社会服务活动；

（八）责令接受社会观护，由社会组织、有关机构在适当场所对未成年人进行教育、监督和管束；

（九）其他适当的矫治教育措施。

第四十二条 公安机关在对未成年人进行矫治教育时，可以根据需要邀请学校、居民委员会、村民委员会以及社会工作服务机构等社会组织参与。

未成年人的父母或者其他监护人应当积极配合矫治教育措施的实施，不得妨碍阻挠或者放任不管。

第四十三条 对有严重不良行为的未成年人，未成年人的父母或者其他监护人、所在学校无力管教或者管教无效的，可以向教育行政部门提出申请，经专门教育指导委员会评估同意后，由教育行政部门决定送入专门学校接受专门教育。

第四十四条 未成年人有下列情形之一的，经专门教育指导委员会评估同意，教育行政部门会同公安机关可以决定将其送入专门学校接受专门教育：

（一）实施严重危害社会的行为，情节恶劣或者造成严重后果；

（二）多次实施严重危害社会的行为；

（三）拒不接受或者配合本法第四十一条规定的矫治教育措施；

（四）法律、行政法规规定的其他情形。

★ **第四十五条** 未成年人实施刑法规定的行为、因不满法定刑事责任年龄不予刑事处罚的，经专门教育指导委员会评估同意，教育行政部门会同公安机关可以决定对其进行专门矫治教育。

省级人民政府应当结合本地的实际情况，至少确定一所专门学校按照分校区、分班级等方式设置专门场所，对前款规定的未成年人进行专门矫治教育。

前款规定的专门场所实行闭环管理，公安机关、司法行政部门负责未成年人的矫治工作，教育行政部门承担未成年人的教育工作。

第四十六条 专门学校应当在每个学期适时提请专门教育指导委员会对接受专门教育的未成年学生的情况进行评估。对经评估适合转回普通学校就读的，专门教育指导委员会应当向原决定机关提出书面建议，由原决定机关决定是否将未成年学生转回普通学校就读。

原决定机关决定将未成年学生转回普通学校的，其原所在学校不得拒绝接收；因特殊情况，不适宜转回原所在学校的，由教育行政部门安排转学。

★ **第四十七条** 专门学校应当对接受专门教育的未成年人分级分类进行教育和矫治，有针对性地开展道德教育、法治教育、心理健康教育，并根据实际情况进行职业教育；对没有完成义务教育的未成年人，应当保证其继续接受义务教育。

专门学校的未成年学生的学籍保留在原学校，符合毕业条件的，原学校应当颁发毕业证书。

第四十八条 专门学校应当与接受专门教育的未成年人的父母或者其他监护人加强联系，定期向其反馈未成年人的矫治和教育情况，为父母或者其他监护人、亲属等看望未成年人提供便利。

第四十九条 未成年人及其父母或者其他监护人

对本章规定的行政决定不服的，可以依法提起行政复议或者行政诉讼。

第五章　对重新犯罪的预防

★★ **第五十条**　公安机关、人民检察院、人民法院办理未成年人刑事案件，应当根据未成年人的生理、心理特点和犯罪的情况，有针对性地进行法治教育。

对涉及刑事案件的未成年人进行教育，其法定代理人以外的成年亲属或者教师、辅导员等参与有利于感化、挽救未成年人的，公安机关、人民检察院、人民法院应当邀请其参加有关活动。

★ **第五十一条**　公安机关、人民检察院、人民法院办理未成年人刑事案件，可以自行或者委托有关社会组织、机构对未成年犯罪嫌疑人或者被告人的成长经历、犯罪原因、监护、教育等情况进行社会调查；根据实际需要并经未成年犯罪嫌疑人、被告人及其法定代理人同意，可以对未成年犯罪嫌疑人、被告人进行心理测评。

社会调查和心理测评的报告可以作为办理案件和教育未成年人的参考。

第五十二条 公安机关、人民检察院、人民法院对于无固定住所、无法提供保证人的未成年人适用取保候审的，应当指定合适成年人作为保证人，必要时可以安排取保候审的未成年人接受社会观护。

第五十三条 对被拘留、逮捕以及在未成年犯管教所执行刑罚的未成年人，应当与成年人分别关押、管理和教育。对未成年人的社区矫正，应当与成年人分别进行。

对有上述情形且没有完成义务教育的未成年人，公安机关、人民检察院、人民法院、司法行政部门应当与教育行政部门相互配合，保证其继续接受义务教育。

★★ **第五十四条** 未成年犯管教所、社区矫正机构应当对未成年犯、未成年社区矫正对象加强法治教育，并根据实际情况对其进行职业教育。

第五十五条 社区矫正机构应当告知未成年社区矫正对象安置帮教的有关规定，并配合安置帮教工作部门落实或者解决未成年社区矫正对象的就学、就业等问题。

第五十六条 对刑满释放的未成年人，未成年犯管教所应当提前通知其父母或者其他监护人按时接回，并协助落实安置帮教措施。没有父母或者其他监护人、无法查明其父母或者其他监护人的，未成年犯管教所应当提前通知未成年人原户籍所在地或者居住地的司法行政部门安排人员按时接回，由民政部门或者居民委员会、村民委员会依法对其进行监护。

第五十七条 未成年人的父母或者其他监护人和学校、居民委员会、村民委员会对接受社区矫正、刑满释放的未成年人，应当采取有效的帮教措施，协助司法机关以及有关部门做好安置帮教工作。

居民委员会、村民委员会可以聘请思想品德优秀，作风正派，热心未成年人工作的离退休人员、志愿者或其他人员协助做好前款规定的安置帮教工作。

★★ **第五十八条** 刑满释放和接受社区矫正的未成年人，在复学、升学、就业等方面依法享有与其他未成年人同等的权利，任何单位和个人不得歧视。

☆☆ **第五十九条** 未成年人的犯罪记录依法被封存的，公安机关、人民检察院、人民法院和司法行政部门不得向任何单位或者个人提供，但司法机关因办案需要或者有关单位根据国家有关规定进行查询的除外。依法进行查询的单位和个人应当对相关记录信息予以保密。

未成年人接受专门矫治教育、专门教育的记录，以及被行政处罚、采取刑事强制措施和不起诉的记录，适用前款规定。

第六十条 人民检察院通过依法行使检察权，对未成年人重新犯罪预防工作等进行监督。

第六章 法律责任

第六十一条 公安机关、人民检察院、人民法院在办理案件过程中发现实施严重不良行为的未成年人的父母或者其他监护人不依法履行监护职责的，应当予以训诫，并可以责令其接受家庭教育指导。

第六十二条 学校及其教职员工违反本法规定，不履行预防未成年人犯罪工作职责，或者虐待、歧视相关未成年人的，由教育行政等部门责令改正，通报批评；情节严重的，对直接负责的主管人员和其他直接责任人员依法给予处分。构成违反治安管理行为的，由公安机关依法予以治安管理处罚。

教职员工教唆、胁迫、引诱未成年人实施不良行为或者严重不良行为，以及品行不良、影响恶劣的，教育行政部门、学校应当依法予以解聘或者辞退。

第六十三条 违反本法规定，在复学、升学、就业等方面歧视相关未成年人的，由所在单位或者教育、人力资源社会保障等部门责令改正；拒不改正的，对直接负责的主管人员或者其他直接责任人员依法给予处分。

第六十四条 有关社会组织、机构及其工作人员虐待、歧视接受社会观护的未成年人，或者出具虚假社会调查、心理测评报告的，由民政、司法行政等部门对直接负责的主管人员或者其他直接责任人员依法给予处分，构成违反治安管理行为的，由公安机关予以治安管理处罚。

★ **第六十五条** 教唆、胁迫、引诱未成年人实施不良行为或者严重不良行为，构成违反治安管理行为的，由公安机关依法予以治安管理处罚。

第六十六条 国家机关及其工作人员在预防未成年人犯罪工作中滥用职权、玩忽职守、徇私舞弊的，对直接负责的主管人员和其他直接责任人员，依法给予处分。

第六十七条 违反本法规定，构成犯罪的，依法追究刑事责任。

第七章 附 则

第六十八条 本法自2021年6月1日起施行。

中华人民共和国义务教育法

（1986 年 4 月 12 日第六届全国人民代表大会第四次会议通过　2006 年 6 月 29 日第十届全国人民代表大会常务委员会第二十二次会议修订　根据 2015 年 4 月 24 日第十二届全国人民代表大会常务委员会第十四次会议《关于修改〈中华人民共和国义务教育法〉等五部法律的决定》第一次修正　根据 2018 年 12 月 29 日第十三届全国人民代表大会常务委员会第七次会议《关于修改〈中华人民共和国产品质量法〉等五部法律的决定》第二次修正）

第一章　总　　则

第一条　为了保障适龄儿童、少年接受义务教育的权利，保证义务教育的实施，提高全民族素质，根据宪法和教育法，制定本法。

★★★ **第二条** 国家实行九年义务教育制度。

义务教育是国家统一实施的所有适龄儿童、少年必须接受的教育，是国家必须予以保障的公益性事业。

实施义务教育，不收学费、杂费。

国家建立义务教育经费保障机制，保证义务教育制度实施。

第三条 义务教育必须贯彻国家的教育方针，实施素质教育，提高教育质量，使适龄儿童、少年在品德、智力、体质等方面全面发展，为培养有理想、有道德、有文化、有纪律的社会主义建设者和接班人奠定基础。

★★★ **第四条** 凡具有中华人民共和国国籍的适龄儿童、少年，不分性别、民族、种族、家庭财产状况、宗教信仰等，依法享有平等接受义务教育的权利，并履行接受义务教育的义务。

★ **第五条** 各级人民政府及其有关部门应当履行本法规定的各项职责，保障适龄儿童、少年接受义务教育的权利。

适龄儿童、少年的父母或者其他法定监护人应当依法保证其按时入学接受并完成义务教育。

依法实施义务教育的学校应当按照规定标准完成教育教学任务，保证教育教学质量。

社会组织和个人应当为适龄儿童、少年接受义务教育创造良好的环境。

第六条 国务院和县级以上地方人民政府应当合理配置教育资源，促进义务教育均衡发展，改善薄弱学校的办学条件，并采取措施，保障农村地区、民族地区实施义务教育，保障家庭经济困难的和残疾的适龄儿童、少年接受义务教育。

国家组织和鼓励经济发达地区支援经济欠发达地区实施义务教育。

第七条 义务教育实行国务院领导，省、自治区、直辖市人民政府统筹规划实施，县级人民政府为主管理的体制。

县级以上人民政府教育行政部门具体负责义务教育实施工作；县级以上人民政府其他有关部门在各自的职责范围内负责义务教育实施工作。

第八条 人民政府教育督导机构对义务教育工作执行法律法规情况、教育教学质量以及义务教育均衡发展状况等进行督导，督导报告向社会公布。

★★ **第九条** 任何社会组织或者个人有权对违反本法的行为向有关国家机关提出检举或者控告。

发生违反本法的重大事件，妨碍义务教育实施，造成重大社会影响的，负有领导责任的人民政府或者人民政府教育行政部门负责人应当引咎辞职。

第十条 对在义务教育实施工作中做出突出贡献的社会组织和个人，各级人民政府及其有关部门按照有关规定给予表彰、奖励。

第二章 学 生

★★★ **第十一条** 凡年满六周岁的儿童，其父母或者其他法定监护人应当送其入学接受并完成义务教育；条件不具备的地区的儿童，可以推迟到七周岁。

适龄儿童、少年因身体状况需要延缓入学或者休学的，其父母或者其他法定监护人应当提出申请，由当地乡镇人民政府或者县级人民政府教育行政部门批准。

第十二条 适龄儿童、少年免试入学。地方各级人民政府应当保障适龄儿童、少年在户籍所在地学校就近入学。

父母或者其他法定监护人在非户籍所在地工作或者居住的适龄儿童、少年，在其父母或者其他法定监护人工作或者居住地接受义务教育的，当地人民政府应当为其提供平等接受义务教育的条件。具体办法由省、自治区、直辖市规定。

县级人民政府教育行政部门对本行政区域内的军人子女接受义务教育予以保障。

第十三条 县级人民政府教育行政部门和乡镇人民政府组织和督促适龄儿童、少年入学，帮助解决适龄儿童、少年接受义务教育的困难，采取措施防止适龄儿童、少年辍学。

居民委员会和村民委员会协助政府做好工作，督促适龄儿童、少年入学。

★★ **第十四条** 禁止用人单位招用应当接受义务教育的适龄儿童、少年。

根据国家有关规定经批准招收适龄儿童、少年进行文艺、体育等专业训练的社会组织，应当保证所招收的适龄儿童、少年接受义务教育；自行实施义务教育的，应当经县级人民政府教育行政部门批准。

第三章　学　　校

第十五条　县级以上地方人民政府根据本行政区域内居住的适龄儿童、少年的数量和分布状况等因素，按照国家有关规定，制定、调整学校设置规划。新建居民区需要设置学校的，应当与居民区的建设同步进行。

第十六条　学校建设，应当符合国家规定的办学标准，适应教育教学需要；应当符合国家规定的选址要求和建设标准，确保学生和教职工安全。

第十七条　县级人民政府根据需要设置寄宿制学校，保障居住分散的适龄儿童、少年入学接受义务教育。

★ **第十八条**　国务院教育行政部门和省、自治区、直辖市人民政府根据需要，在经济发达地区设置接收少数民族适龄儿童、少年的学校（班）。

★★ **第十九条**　县级以上地方人民政府根据需要设

置相应的实施特殊教育的学校（班），对视力残疾、听力语言残疾和智力残疾的适龄儿童、少年实施义务教育。特殊教育学校（班）应当具备适应残疾儿童、少年学习、康复、生活特点的场所和设施。

普通学校应当接收具有接受普通教育能力的残疾适龄儿童、少年随班就读，并为其学习、康复提供帮助。

★★ **第二十条** 县级以上地方人民政府根据需要，为具有预防未成年人犯罪法规定的严重不良行为的适龄少年设置专门的学校实施义务教育。

第二十一条 对未完成义务教育的未成年犯和被采取强制性教育措施的未成年人应当进行义务教育，所需经费由人民政府予以保障。

★★ **第二十二条** 县级以上人民政府及其教育行政部门应当促进学校均衡发展，缩小学校之间办学条件的差距，不得将学校分为重点学校和非重点学校。学校不得分设重点班和非重点班。

县级以上人民政府及其教育行政部门不得以任何名义改变或者变相改变公办学校的性质。

第二十三条 各级人民政府及其有关部门依法维

护学校周边秩序，保护学生、教师、学校的合法权益，为学校提供安全保障。

第二十四条 学校应当建立、健全安全制度和应急机制，对学生进行安全教育，加强管理，及时消除隐患，预防发生事故。

县级以上地方人民政府定期对学校校舍安全进行检查；对需要维修、改造的，及时予以维修、改造。

学校不得聘用曾经因故意犯罪被依法剥夺政治权利或者其他不适合从事义务教育工作的人担任工作人员。

☆ **第二十五条** 学校不得违反国家规定收取费用，不得以向学生推销或者变相推销商品、服务等方式谋取利益。

第二十六条 学校实行校长负责制。校长应当符合国家规定的任职条件。校长由县级人民政府教育行政部门依法聘任。

第二十七条 对违反学校管理制度的学生，学校应当予以批评教育，不得开除。

第四章　教　　师

★ **第二十八条**　教师享有法律规定的权利，履行法律规定的义务，应当为人师表，忠诚于人民的教育事业。

全社会应当尊重教师。

★★ **第二十九条**　教师在教育教学中应当平等对待学生，关注学生的个体差异，因材施教，促进学生的充分发展。

教师应当尊重学生的人格，不得歧视学生，不得对学生实施体罚、变相体罚或者其他侮辱人格尊严的行为，不得侵犯学生合法权益。

★★ **第三十条**　教师应当取得国家规定的教师资格。

国家建立统一的义务教育教师职务制度。教师职务分为初级职务、中级职务和高级职务。

第三十一条　各级人民政府保障教师工资福利和社会保险待遇，改善教师工作和生活条件；完善农村教师工资经费保障机制。

教师的平均工资水平应当不低于当地公务员的平

均工资水平。

特殊教育教师享有特殊岗位补助津贴。在民族地区和边远贫困地区工作的教师享有艰苦贫困地区补助津贴。

第三十二条 县级以上人民政府应当加强教师培养工作，采取措施发展教师教育。

县级人民政府教育行政部门应当均衡配置本行政区域内学校师资力量，组织校长、教师的培训和流动，加强对薄弱学校的建设。

第三十三条 国务院和地方各级人民政府鼓励和支持城市学校教师和高等学校毕业生到农村地区、民族地区从事义务教育工作。

国家鼓励高等学校毕业生以志愿者的方式到农村地区、民族地区缺乏教师的学校任教。县级人民政府教育行政部门依法认定其教师资格，其任教时间计入工龄。

第五章 教育教学

第三十四条 教育教学工作应当符合教育规律和

学生身心发展特点，面向全体学生，教书育人，将德育、智育、体育、美育等有机统一在教育教学活动中，注重培养学生独立思考能力、创新能力和实践能力，促进学生全面发展。

第三十五条 国务院教育行政部门根据适龄儿童、少年身心发展的状况和实际情况，确定教学制度、教育教学内容和课程设置，改革考试制度，并改进高级中等学校招生办法，推进实施素质教育。

学校和教师按照确定的教育教学内容和课程设置开展教育教学活动，保证达到国家规定的基本质量要求。

国家鼓励学校和教师采用启发式教育等教育教学方法，提高教育教学质量。

☆ **第三十六条** 学校应当把德育放在首位，寓德育于教育教学之中，开展与学生年龄相适应的社会实践活动，形成学校、家庭、社会相互配合的思想道德教育体系，促进学生养成良好的思想品德和行为习惯。

第三十七条 学校应当保证学生的课外活动时间，组织开展文化娱乐等课外活动。社会公共文化体育设施应当为学校开展课外活动提供便利。

第三十八条 教科书根据国家教育方针和课程标准编写，内容力求精简，精选必备的基础知识、基本技能，经济实用，保证质量。

国家机关工作人员和教科书审查人员，不得参与或者变相参与教科书的编写工作。

★★ **第三十九条** 国家实行教科书审定制度。教科书的审定办法由国务院教育行政部门规定。

未经审定的教科书，不得出版、选用。

第四十条 教科书价格由省、自治区、直辖市人民政府价格行政部门会同同级出版主管部门按照微利原则确定。

第四十一条 国家鼓励教科书循环使用。

第六章 经费保障

第四十二条 国家将义务教育全面纳入财政保障范围，义务教育经费由国务院和地方各级人民政府依照本法规定予以保障。

国务院和地方各级人民政府将义务教育经费纳入

财政预算，按照教职工编制标准、工资标准和学校建设标准、学生人均公用经费标准等，及时足额拨付义务教育经费，确保学校的正常运转和校舍安全，确保教职工工资按照规定发放。

国务院和地方各级人民政府用于实施义务教育财政拨款的增长比例应当高于财政经常性收入的增长比例，保证按照在校学生人数平均的义务教育费用逐步增长，保证教职工工资和学生人均公用经费逐步增长。

★ **第四十三条** 学校的学生人均公用经费基本标准由国务院财政部门会同教育行政部门制定，并根据经济和社会发展状况适时调整。制定、调整学生人均公用经费基本标准，应当满足教育教学基本需要。

省、自治区、直辖市人民政府可以根据本行政区域的实际情况，制定不低于国家标准的学校学生人均公用经费标准。

特殊教育学校（班）学生人均公用经费标准应当高于普通学校学生人均公用经费标准。

第四十四条 义务教育经费投入实行国务院和地

方各级人民政府根据职责共同负担，省、自治区、直辖市人民政府负责统筹落实的体制。农村义务教育所需经费，由各级人民政府根据国务院的规定分项目、按比例分担。

各级人民政府对家庭经济困难的适龄儿童、少年免费提供教科书并补助寄宿生生活费。

义务教育经费保障的具体办法由国务院规定。

第四十五条 地方各级人民政府在财政预算中将义务教育经费单列。

县级人民政府编制预算，除向农村地区学校和薄弱学校倾斜外，应当均衡安排义务教育经费。

★ **第四十六条** 国务院和省、自治区、直辖市人民政府规范财政转移支付制度，加大一般性转移支付规模和规范义务教育专项转移支付，支持和引导地方各级人民政府增加对义务教育的投入。地方各级人民政府确保将上级人民政府的义务教育转移支付资金按照规定用于义务教育。

第四十七条 国务院和县级以上地方人民政府根据实际需要，设立专项资金，扶持农村地区、民族地区实施义务教育。

第四十八条 国家鼓励社会组织和个人向义务教育捐赠，鼓励按照国家有关基金会管理的规定设立义务教育基金。

★★ **第四十九条** 义务教育经费严格按照预算规定用于义务教育；任何组织和个人不得侵占、挪用义务教育经费，不得向学校非法收取或者摊派费用。

第五十条 县级以上人民政府建立健全义务教育经费的审计监督和统计公告制度。

第七章 法律责任

★★ **第五十一条** 国务院有关部门和地方各级人民政府违反本法第六章的规定，未履行对义务教育经费保障职责的，由国务院或者上级地方人民政府责令限期改正；情节严重的，对直接负责的主管人员和其他直接责任人员依法给予行政处分。

★ **第五十二条** 县级以上地方人民政府有下列情形之一的，由上级人民政府责令限期改正；情节严重的，对直接负责的主管人员和其他直接责任人员依法给予行政处分：

（一）未按照国家有关规定制定、调整学校的设置规划的；

（二）学校建设不符合国家规定的办学标准、选址要求和建设标准的；

（三）未定期对学校校舍安全进行检查，并及时维修、改造的；

（四）未依照本法规定均衡安排义务教育经费的。

第五十三条 县级以上人民政府或者其教育行政部门有下列情形之一的，由上级人民政府或者其教育行政部门责令限期改正、通报批评；情节严重的，对直接负责的主管人员和其他直接责任人员依法给予行政处分：

（一）将学校分为重点学校和非重点学校的；

（二）改变或者变相改变公办学校性质的。

县级人民政府教育行政部门或者乡镇人民政府未采取措施组织适龄儿童、少年入学或者防止辍学的，依照前款规定追究法律责任。

第五十四条 有下列情形之一的，由上级人民政府或者上级人民政府教育行政部门、财政部门、价格行政部门和审计机关根据职责分工责令限期改正；情节严重的，对直接负责的主管人员和其他直接责任人员依法给予处分：

（一）侵占、挪用义务教育经费的；

（二）向学校非法收取或者摊派费用的。

第五十五条 学校或者教师在义务教育工作中违反教育法、教师法规定的，依照教育法、教师法的有关规定处罚。

★★ **第五十六条** 学校违反国家规定收取费用的，由县级人民政府教育行政部门责令退还所收费用；对直接负责的主管人员和其他直接责任人员依法给予处分。

学校以向学生推销或者变相推销商品、服务等方式谋取利益的，由县级人民政府教育行政部门给予通报批评；有违法所得的，没收违法所得；对直接负责的主管人员和其他直接责任人员依法给予处分。

国家机关工作人员和教科书审查人员参与或者变相参与教科书编写的，由县级以上人民政府或者其教育行政部门根据职责权限责令限期改正，依法给予行政处分；有违法所得的，没收违法所得。

第五十七条 学校有下列情形之一的，由县级人民政府教育行政部门责令限期改正；情节严重的，对直接负责的主管人员和其他直接责任人员依法给予处分：

（一）拒绝接收具有接受普通教育能力的残疾适龄儿童、少年随班就读的；

（二）分设重点班和非重点班的；

（三）违反本法规定开除学生的；

（四）选用未经审定的教科书的。

★ **第五十八条** 适龄儿童、少年的父母或者其他法定监护人无正当理由未依照本法规定送适龄儿童、少年入学接受义务教育的，由当地乡镇人民政府或者县级人民政府教育行政部门给予批评教育，责令限期改正。

第五十九条 有下列情形之一的，依照有关法律、行政法规的规定予以处罚：

（一）胁迫或者诱骗应当接受义务教育的适龄儿童、少年失学、辍学的；

（二）非法招用应当接受义务教育的适龄儿童、

少年的；

（三）出版未经依法审定的教科书的。

第六十条 违反本法规定，构成犯罪的，依法追究刑事责任。

第八章 附 则

第六十一条 对接受义务教育的适龄儿童、少年不收杂费的实施步骤，由国务院规定。

第六十二条 社会组织或者个人依法举办的民办学校实施义务教育的，依照民办教育促进法有关规定执行；民办教育促进法未作规定的，适用本法。

第六十三条 本法自2006年9月1日起施行。

未成年人学校保护规定

（2021年6月1日中华人民共和国教育部令第50号公布　自2021年9月1日起施行）

第一章　总　　则

第一条　为了落实学校保护职责，保障未成年人合法权益，促进未成年人德智体美劳全面发展、健康成长，根据《中华人民共和国教育法》《中华人民共和国未成年人保护法》等法律法规，制定本规定。

第二条　普通中小学、中等职业学校（以下简称学校）对本校未成年人（以下统称学生）在校学习、生活期间合法权益的保护，适用本规定。

第三条　学校应当全面贯彻国家教育方针，落实立德树人根本任务，弘扬社会主义核心价值观，依法办学、依法治校，履行学生权益保护法定职责，健全保护制度，完善保护机制。

第四条 学校学生保护工作应当坚持最有利于未成年人的原则，注重保护和教育相结合，适应学生身心健康发展的规律和特点；关心爱护每个学生，尊重学生权利，听取学生意见。

第五条 教育行政部门应当落实工作职责，会同有关部门健全学校学生保护的支持措施、服务体系，加强对学校学生保护工作的支持、指导、监督和评价。

第二章 一般保护

★★ **第六条** 学校应当平等对待每个学生，不得因学生及其父母或者其他监护人（以下统称家长）的民族、种族、性别、户籍、职业、宗教信仰、教育程度、家庭状况、身心健康情况等歧视学生或者对学生进行区别对待。

第七条 学校应当落实安全管理职责，保护学生在校期间人身安全。学校不得组织、安排学生从事抢险救灾、参与危险性工作，不得安排学生参加商业性活动及其他不宜学生参加的活动。

学生在校内或者本校组织的校外活动中发生人身

伤害事故的，学校应当依据有关规定妥善处理，及时通知学生家长；情形严重的，应当按规定向有关部门报告。

第八条 学校不得设置侵犯学生人身自由的管理措施，不得对学生在课间及其他非教学时间的正当交流、游戏、出教室活动等言行自由设置不必要的约束。

★★ **第九条** 学校应当尊重和保护学生的人格尊严，尊重学生名誉，保护和培育学生的荣誉感、责任感，表彰、奖励学生做到公开、公平、公正；在教育、管理中不得使用任何贬损、侮辱学生及其家长或者所属特定群体的言行、方式。

★★ **第十条** 学校采集学生个人信息，应当告知学生及其家长，并对所获得的学生及其家庭信息负有管理、保密义务，不得毁弃以及非法删除、泄露、公开、买卖。

学校在奖励、资助、申请贫困救助等工作中，不得泄露学生个人及其家庭隐私；学生的考试成绩、名次等学业信息，学校应当便利学生本人和家长知晓，但不得公开，不得宣传升学情况；除因法定事由，不得查阅学生的信件、日记、电子邮件或者其他网络通讯内容。

第十一条 学校应当尊重和保护学生的受教育权利，保障学生平等使用教育教学设施设备、参加教育教学计划安排的各种活动，并在学业成绩和品行上获得公正评价。

对身心有障碍的学生，应当提供合理便利，实施融合教育，给予特别支持；对学习困难、行为异常的学生，应当以适当方式教育、帮助，必要时，可以通过安排教师或者专业人员课后辅导等方式给予帮助或者支持。

学校应当建立留守学生、困境学生档案，配合政府有关部门做好关爱帮扶工作，避免学生因家庭因素失学、辍学。

★★ **第十二条** 义务教育学校不得开除或者变相开除学生，不得以长期停课、劝退等方式，剥夺学生在校接受并完成义务教育的权利；对转入专门学校的学生，应当保留学籍，原决定机关决定转回的学生，不得拒绝接收。

义务教育学校应当落实学籍管理制度，健全辍学或者休学、长期请假学生的报告备案制度，对辍学学生应当及时进行劝返，劝返无效的，应当报告有关主管部门。

★★ **第十三条** 学校应当按规定科学合理安排学生在校作息时间，保证学生有休息、参加文娱活动和体育锻炼的机会和时间，不得统一要求学生在规定的上课时间前到校参加课程教学活动。

义务教育学校不得占用国家法定节假日、休息日及寒暑假，组织学生集体补课；不得以集体补课等形式侵占学生休息时间。

★★ **第十四条** 学校不得采用毁坏财物的方式对学生进行教育管理，对学生携带进入校园的违法违规物品，按规定予以暂扣的，应当统一管理，并依照有关规定予以处理。

学校不得违反规定向学生收费，不得强制要求或者设置条件要求学生及家长捐款捐物、购买商品或者服务，或者要求家长提供物质帮助、需支付费用的服务等。

第十五条 学校以发布、汇编、出版等方式使用学生作品，对外宣传或者公开使用学生个体肖像的，应当取得学生及其家长许可，并依法保护学生的权利。

第十六条 学校应当尊重学生的参与权和表达

权，指导、支持学生参与学校章程、校规校纪、班级公约的制定，处理与学生权益相关的事务时，应当以适当方式听取学生意见。

第十七条 学校对学生实施教育惩戒或者处分学生的，应当依据有关规定，听取学生的陈述、申辩，遵循审慎、公平、公正的原则作出决定。

除开除学籍处分以外，处分学生应当设置期限，对受到处分的学生应当跟踪观察、有针对性地实施教育，确有改正的，到期应当予以解除。解除处分后，学生获得表彰、奖励及其他权益，不再受原处分影响。

第三章 专项保护

★★ **第十八条** 学校应当落实法律规定建立学生欺凌防控和预防性侵害、性骚扰等专项制度，建立对学生欺凌、性侵害、性骚扰行为的零容忍处理机制和受伤害学生的关爱、帮扶机制。

第十九条 学校应当成立由校内相关人员、法治副校长、法律顾问、有关专家、家长代表、学生代表等参与的学生欺凌治理组织，负责学生欺凌行为的预防和宣传教育、组织认定、实施矫治、提供援助等。

学校应当定期针对全体学生开展防治欺凌专项调查，对学校是否存在欺凌等情形进行评估。

第二十条 学校应当教育、引导学生建立平等、友善、互助的同学关系，组织教职工学习预防、处理学生欺凌的相关政策、措施和方法，对学生开展相应的专题教育，并且应当根据情况给予相关学生家长必要的家庭教育指导。

☆☆ **第二十一条** 教职工发现学生实施下列行为的，应当及时制止：

（一）殴打、脚踢、掌掴、抓咬、推撞、拉扯等侵犯他人身体或者恐吓威胁他人；

（二）以辱骂、讥讽、嘲弄、挖苦、起侮辱性绰号等方式侵犯他人人格尊严；

（三）抢夺、强拿硬要或者故意毁坏他人财物；

（四）恶意排斥、孤立他人，影响他人参加学校活动或者社会交往；

（五）通过网络或者其他信息传播方式捏造事实诽谤他人、散布谣言或者错误信息诋毁他人、恶意传播他人隐私。

学生之间，在年龄、身体或者人数等方面占优势的一方蓄意或者恶意对另一方实施前款行为，或者以其他方式欺压、侮辱另一方，造成人身伤害、财产损失或者精神损害的，可以认定为构成欺凌。

第二十二条　教职工应当关注因身体条件、家庭背景或者学习成绩等可能处于弱势或者特殊地位的学生，发现学生存在被孤立、排挤等情形的，应当及时干预。

教职工发现学生有明显的情绪反常、身体损伤等情形，应当及时沟通了解情况，可能存在被欺凌情形的，应当及时向学校报告。

学校应当教育、支持学生主动、及时报告所发现的欺凌情形，保护自身和他人的合法权益。

★ **第二十三条**　学校接到关于学生欺凌报告的，应当立即开展调查，认为可能构成欺凌的，应当及时提交学生欺凌治理组织认定和处置，并通知相关学生的家长参与欺凌行为的认定和处理。认定构成欺凌的，应当对实施或者参与欺凌行为的学生作出教育惩戒或者纪律处分，并对其家长提出加强管教的要求，必要时，可以由法治副校长、辅导员对学生及其家长进行训导、教育。

对违反治安管理或者涉嫌犯罪等严重欺凌行为，

学校不得隐瞒，应当及时向公安机关、教育行政部门报告，并配合相关部门依法处理。

不同学校学生之间发生的学生欺凌事件，应当在主管教育行政部门的指导下建立联合调查机制，进行认定和处理。

★★ **第二十四条** 学校应当建立健全教职工与学生交往行为准则、学生宿舍安全管理规定、视频监控管理规定等制度，建立预防、报告、处置性侵害、性骚扰工作机制。

学校应当采取必要措施预防并制止教职工以及其他进入校园的人员实施以下行为：

（一）与学生发生恋爱关系、性关系；

（二）抚摸、故意触碰学生身体特定部位等猥亵行为；

（三）对学生作出调戏、挑逗或者具有性暗示的言行；

（四）向学生展示传播包含色情、淫秽内容的信息、书刊、影片、音像、图片或者其他淫秽物品；

（五）持有包含淫秽、色情内容的视听、图文资料；

（六）其他构成性骚扰、性侵害的违法犯罪行为。

第四章　管理要求

第二十五条　学校应当制定规范教职工、学生行为的校规校纪。校规校纪应当内容合法、合理，制定程序完备，向学生及其家长公开，并按照要求报学校主管部门备案。

★★ **第二十六条**　学校应当严格执行国家课程方案，按照要求开齐开足课程、选用教材和教学辅助资料。学校开发的校本课程或者引进的课程应当经过科学论证，并报主管教育行政部门备案。

学校不得与校外培训机构合作向学生提供有偿的课程或者课程辅导。

第二十七条　学校应当加强作业管理，指导和监督教师按照规定科学适度布置家庭作业，不得超出规定增加作业量，加重学生学习负担。

第二十八条　学校应当按照规定设置图书馆、班级图书角，配备适合学生认知特点、内容积极向上的课外读物，营造良好阅读环境，培养学生阅读习惯，提升阅读质量。

学校应当加强读物和校园文化环境管理，禁止含有淫秽、色情、暴力、邪教、迷信、赌博、恐怖主义、分裂主义、极端主义等危害未成年人身心健康内容的读物、图片、视听作品等，以及商业广告、有悖于社会主义核心价值观的文化现象进入校园。

★★ **第二十九条** 学校应当建立健全安全风险防控体系，按照有关规定完善安全、卫生、食品等管理制度，提供符合标准的教育教学设施、设备等，制定自然灾害、突发事件、极端天气和意外伤害应急预案，配备相应设施并定期组织必要的演练。

学生在校期间学校应当对校园实行封闭管理，禁止无关人员进入校园。

第三十条 学校应当以适当方式教育、提醒学生及家长，避免学生使用兴奋剂或者镇静催眠药、镇痛剂等成瘾性药物；发现学生使用的，应当予以制止、向主管部门或者公安机关报告，并应当及时通知家长，但学生因治疗需要并经执业医师诊断同意使用的除外。

第三十一条 学校应当建立学生体质监测制度，发现学生出现营养不良、近视、肥胖、龋齿等倾向或者有导致体质下降的不良行为习惯，应当进行必要的管理、干预，并通知家长，督促、指导家长实施矫治。

学校应当完善管理制度，保障学生在课间、课后使用学校的体育运动场地、设施开展体育锻炼；在周末和节假日期间，按规定向学生和周边未成年人免费或者优惠开放。

第三十二条 学校应当建立学生心理健康教育管理制度，建立学生心理健康问题的早期发现和及时干预机制，按照规定配备专职或者兼职心理健康教育教师、建设心理辅导室，或者通过购买专业社工服务等多种方式为学生提供专业化、个性化的指导和服务。

有条件的学校，可以定期组织教职工进行心理健康状况测评，指导、帮助教职工以积极、乐观的心态对待学生。

☆☆ **第三十三条** 学校可以禁止学生携带手机等智能终端产品进入学校或者在校园内使用；对经允许带入的，应当统一管理，除教学需要外，禁止带入课堂。

第三十四条 学校应当将科学、文明、安全、合理使用网络纳入课程内容，对学生进行网络安全、网络文明和防止沉迷网络的教育，预防和干预学生过度使用网络。

学校为学生提供的上网设施，应当安装未成年人上网保护软件或者采取其他安全保护技术措施，避免学生接触不适宜未成年人接触的信息；发现网络产品、服务、信息有危害学生身心健康内容的，或者学生利用网络实施违法活动的，应当立即采取措施并向有关主管部门报告。

第三十五条 任何人不得在校园内吸烟、饮酒。学校应当设置明显的禁止吸烟、饮酒的标识，并不得以烟草制品、酒精饮料的品牌冠名学校、教学楼、设施设备及各类教学、竞赛活动。

第三十六条 学校应当严格执行入职报告和准入查询制度，不得聘用有下列情形的人员：

（一）受到剥夺政治权利或者因故意犯罪受到有期徒刑以上刑事处罚的；

（二）因卖淫、嫖娼、吸毒、赌博等违法行为受到治安管理处罚的；

（三）因虐待、性骚扰、体罚或者侮辱学生等情形被开除或者解聘的；

（四）实施其他被纳入教育领域从业禁止范围的行为的。

学校在聘用教职工或引入志愿者、社工等校外人员时，应当要求相关人员提交承诺书；对在聘人员应当按照规定定期开展核查，发现存在前款规定情形的人员应当及时解聘。

第三十七条 学校发现拟聘人员或者在职教职工存在下列情形的，应当对有关人员是否符合相应岗位要求进行评估，必要时可以安排有专业资质的第三方机构进行评估，并将相关结论作为是否聘用或者调整工作岗位、解聘的依据：

（一）有精神病史的；

（二）有严重酗酒、滥用精神类药物史的；

（三）有其他可能危害未成年人身心健康或者可能造成不良影响的身心疾病的。

第三十八条 学校应当加强对教职工的管理，预防和制止教职工实施法律、法规、规章以及师德规范禁止的行为。学校及教职工不得实施下列行为：

（一）利用管理学生的职务便利或者招生考试、评奖评优、推荐评价等机会，以任何形式向学生及其家长索取、收受财物或者接受宴请、其他利益；

（二）以牟取利益为目的，向学生推销或者要求、指定学生购买特定辅导书、练习册等教辅材料或者其他商品、服务；

（三）组织、要求学生参加校外有偿补课，或者与校外机构、个人合作向学生提供其他有偿服务；

（四）诱导、组织或者要求学生及其家长登录特定经营性网站，参与视频直播、网络购物、网络投票、刷票等活动；

（五）非法提供、泄露学生信息或者利用所掌握的学生信息牟取利益；

（六）其他利用管理学生的职权牟取不正当利益的行为。

第三十九条 学校根据《校车安全管理条例》配备、使用校车的，应当依法建立健全校车安全管理制度，向学生讲解校车安全乘坐知识，培养学生校车安全事故应急处理技能。

第四十条 学校应当定期巡查校园及周边环境，发现存在法律禁止在学校周边设立的营业场所、销售网点的，应当及时采取应对措施，并报告主管教育部门或者其他有关主管部门。

学校及其教职工不得安排或者诱导、组织学生进入营业性娱乐场所、互联网上网服务营业场所、电子游戏场所、酒吧等不适宜未成年人活动的场所；发现学生进入上述场所的，应当及时予以制止、教育，并向上述场所的主管部门反映。

第五章 保护机制

★★ **第四十一条** 校长是学生学校保护的第一责任人。学校应当指定一名校领导直接负责学生保护工作，并明确具体的工作机构，有条件的，可以设立学生保护专员开展学生保护工作。学校应当为从事学生保护工作的人员接受相关法律、理论和技能的培训提供条件和支持，对教职工开展未成年人保护专项培训。

有条件的学校可以整合欺凌防治、纪律处分等组织、工作机制，组建学生保护委员会，统筹负责学生权益保护及相关制度建设。

第四十二条 学校要树立以生命关怀为核心的教育理念，利用安全教育、心理健康教育、环境保护教育、健康教育、禁毒和预防艾滋病教育等专题教育，引导学生热爱生命、尊重生命；要有针对性地开展青春期教育、性教育，使学生了解生理健康知识，提高防范性侵害、性骚扰的自我保护意识和能力。

★★ **第四十三条** 学校应当结合相关课程要求，根据学生的身心特点和成长需求开展以宪法教育为核心、以权利与义务教育为重点的法治教育，培养学生树立正确的权利观念，并开展有针对性的预防犯罪教育。

第四十四条 学校可以根据实际组成由学校相关负责人、教师、法治副校长（辅导员）、司法和心理等方面专业人员参加的专业辅导工作机制，对有不良行为的学生进行矫治和帮扶；对有严重不良行为的学生，学校应当配合有关部门进行管教，无力管教或者管教无效的，可以依法向教育行政部门提出申请送专门学校接受专门教育。

第四十五条 学校在作出与学生权益有关的决定前，应当告知学生及其家长，听取意见并酌情采纳。

学校应当发挥学生会、少代会、共青团等学生组织的作用，指导、支持学生参与权益保护，对于情节轻微的学生纠纷或者其他侵害学生权益的情形，可以安排学生代表参与调解。

第四十六条 学校应当建立与家长有效联系机制，利用家访、家长课堂、家长会等多种方式与学生家长建立日常沟通。

学校应当建立学生重大生理、心理疾病报告制度，向家长及时告知学生身体及心理健康状况；学校发现学生身体状况或者情绪反应明显异常、突发疾病或者受到伤害的，应当及时通知学生家长。

第四十七条 学校和教职工发现学生遭受或疑似遭受家庭暴力、虐待、遗弃、长期无人照料、失踪等不法侵害以及面临不法侵害危险的，应当依照规定及时向公安、民政、教育等有关部门报告。学校应当积极参与、配合有关部门做好侵害学生权利案件的调查处理工作。

第四十八条 教职员工发现学生权益受到侵害，属于本职工作范围的，应当及时处理；不属于本职工作范围或者不能处理的，应当及时报告班主任或学校负责人；必要时可以直接向主管教育行政部门或者公安机关报告。

★★ **第四十九条** 学生因遭受遗弃、虐待向学校请求保护的，学校不得拒绝、推诿，需要采取救助措施的，应当先行救助。

学校应当关心爱护学生，为身体或者心理受到伤害的学生提供相应的心理健康辅导、帮扶教育。对因欺凌造成身体或者心理伤害，无法在原班级就读的学生，学生家长提出调整班级请求，学校经评估认为有必要的，应当予以支持。

第六章　支持与监督

第五十条　教育行政部门应当积极探索与人民检察院、人民法院、公安、司法、民政、应急管理等部门以及从事未成年人保护工作的相关群团组织的协同机制，加强对学校学生保护工作的指导与监督。

第五十一条　教育行政部门应当会同有关部门健全教职工从业禁止人员名单和查询机制，指导、监督学校健全准入和定期查询制度。

★★ **第五十二条**　教育行政部门可以通过政府购买服务的方式，组织具有相应资质的社会组织、专业机构及其他社会力量，为学校提供法律咨询、心理辅导、行为矫正等专业服务，为预防和处理学生权益受侵害的案件提供支持。

教育行政部门、学校在与有关部门、机构、社会组织及个人合作进行学生保护专业服务与支持过程中，应当与相关人员签订保密协议，保护学生个人及家庭隐私。

第五十三条 教育行政部门应当指定专门机构或者人员承担学生保护的监督职责，有条件的，可以设立学生保护专兼职监察员负责学生保护工作，处理或者指导处理学生欺凌、性侵害、性骚扰以及其他侵害学生权益的事件，会同有关部门落实学校安全区域制度，健全依法处理涉校纠纷的工作机制。

负责学生保护职责的人员应当接受专门业务培训，具备学生保护的必要知识与能力。

第五十四条 教育行政部门应当通过建立投诉举报电话、邮箱或其他途径，受理对学校或者教职工违反本规定或者其他法律法规、侵害学生权利的投诉、举报；处理过程中发现有关人员行为涉嫌违法犯罪的，应当及时向公安机关报案或者移送司法机关。

★★ **第五十五条** 县级教育行政部门应当会同民政部门，推动设立未成年人保护社会组织，协助受理涉及学生权益的投诉举报、开展侵害学生权益案件的调查和处理，指导、支持学校、教职工、家长开展学生保护工作。

第五十六条 地方教育行政部门应当建立学生保护工作评估制度，定期组织或者委托第三方对管辖区域内学校履行保护学生法定职责情况进行评估，评估结果作为学校管理水平评价、校长考评考核的依据。

各级教育督导机构应当将学校学生保护工作情况纳入政府履行教育职责评价和学校督导评估的内容。

第七章 责任与处理

第五十七条 学校未履行未成年人保护法规定的职责，违反本规定侵犯学生合法权利的，主管教育行政部门应当责令改正，并视情节和后果，依照有关规定和权限分别对学校的主要负责人、直接责任人或者其他责任人员进行诫勉谈话、通报批评、给予处分或者责令学校给予处分；同时，可以给予学校 1 至 3 年不得参与相应评奖评优，不得获评各类示范、标兵单位等荣誉的处理。

★ **第五十八条** 学校未履行对教职工的管理、监督责任，致使发生教职工严重侵害学生身心健康的违法犯罪行为，或者有包庇、隐瞒不报，威胁、阻拦报案，妨碍调查、对学生打击报复等行为的，主管教育部门应当对主要负责人和直接责任人给予处分或者责令学校给予处分；情节严重的，应当移送有关部门查处，构成违法犯罪的，依法追究相应法律责任。因监管不力、造成严重后果而承担领导责任的校长，5 年内不得再担任校长职务。

第五十九条 学校未按本规定建立学生权利保护机制，或者制定的校规违反法律法规和本规定，由主管教育部门责令限期改正、给予通报批评；情节严重、影响较大或者逾期不改正的，可以对学校主要负责人和直接负责人给予处分或者责令学校给予处分。

★★ **第六十条** 教职工违反本规定的，由学校或者主管教育部门依照事业单位人员管理、中小学教师管理的规定予以处理。

教职工实施第二十四条第二款禁止行为的，应当依法予以开除或者解聘；有教师资格的，由主管教育行政部门撤销教师资格，纳入从业禁止人员名单；涉嫌犯罪的，移送有关部门依法追究责任。

教职工违反第三十八条规定牟取不当利益的，应当责令退还所收费用或者所获利益，给学生造成经济损失的，应当依法予以赔偿，并视情节给予处分，涉嫌违法犯罪的移送有关部门依法追究责任。

学校应当根据实际，建立健全校内其他工作人员聘用和管理制度，对其他人员违反本规定的，根据情节轻重予以校内纪律处分直至予以解聘，涉嫌违反治安管理或者犯罪的，移送有关部门依法追究责任。

第六十一条 教育行政部门未履行对学校的指导、监督职责，管辖区域内学校出现严重侵害学生权益情形的，由上级教育行政部门、教育督导机构责令改正、予以通报批评，情节严重的依法追究主要负责人或者直接责任人的责任。

第八章 附 则

第六十二条 幼儿园、特殊教育学校应当根据未成年人身心特点，依据本规定有针对性地加强在园、在校未成年人合法权益的保护，并参照本规定、结合实际建立保护制度。

幼儿园、特殊教育学校及其教职工违反保护职责，侵害在园、在校未成年人合法权益的，应当适用本规定从重处理。

第六十三条 本规定自2021年9月1日起施行。

附录二　实用图表

处理涉及未成年人事项，应当符合的要求	(1) 给予未成年人特殊、优先保护； (2) 尊重未成年人人格尊严； (3) 保护未成年人隐私权和个人信息； (4) 适应未成年人身心健康发展的规律和特点； (5) 听取未成年人的意见； (6) 保护与教育相结合。
未成年人的父母或者其他监护人应当履行的监护职责	(1) 为未成年人提供生活、健康、安全等方面的保障； (2) 关注未成年人的生理、心理状况和情感需求； (3) 教育和引导未成年人遵纪守法、勤俭节约，养成良好的思想品德和行为习惯； (4) 对未成年人进行安全教育，提高未成年人的自我保护意识和能力； (5) 尊重未成年人受教育的权利，保障适龄未成年人依法接受并完成义务教育； (6) 保障未成年人休息、娱乐和体育锻炼的时间，引导未成年人进行有益身心健康的活动； (7) 妥善管理和保护未成年人的财产； (8) 依法代理未成年人实施民事法律行为； (9) 预防和制止未成年人的不良行为和违法犯罪行为，并进行合理管教； (10) 其他应当履行的监护职责。

续表

未成年人的父母或者其他监护人不得实施的行为	(1) 虐待、遗弃、非法送养未成年人或者对未成年人实施家庭暴力； (2) 放任、教唆或者利用未成年人实施违法犯罪行为； (3) 放任、唆使未成年人参与邪教、迷信活动或者接受恐怖主义、分裂主义、极端主义等侵害； (4) 放任、唆使未成年人吸烟（含电子烟，下同）、饮酒、赌博、流浪乞讨或者欺凌他人； (5) 放任或者迫使应当接受义务教育的未成年人失学、辍学； (6) 放任未成年人沉迷网络，接触危害或者可能影响其身心健康的图书、报刊、电影、广播电视节目、音像制品、电子出版物和网络信息等； (7) 放任未成年人进入营业性娱乐场所、酒吧、互联网上网服务营业场所等不适宜未成年人活动的场所； (8) 允许或者迫使未成年人从事国家规定以外的劳动； (9) 允许、迫使未成年人结婚或者为未成年人订立婚约； (10) 违法处分、侵吞未成年人的财产或者利用未成年人牟取不正当利益； (11) 其他侵犯未成年人身心健康、财产权益或者不依法履行未成年人保护义务的行为。

ISBN 978-7-5216-2646-9

9 787521 626469

定价：28.00元

图书在版编目（CIP）数据

中华人民共和国未成年人保护法：大字学习版 / 中国法制出版社编 .—北京：中国法制出版社，2022.5

（法律法规大字学习版）

ISBN 978-7-5216-2646-9

Ⅰ.①中… Ⅱ.①中… Ⅲ.①未成年人保护法-中国 Ⅳ.①D922.7

中国版本图书馆 CIP 数据核字（2022）第 066025 号

责任编辑：刘海龙　　　　封面设计：李　宁

中华人民共和国未成年人保护法：大字学习版

ZHONGHUA RENMIN GONGHEGUO WEICHENGNIANREN BAOHU FA：DAZI XUEXIBAN

编者/中国法制出版社

经销/新华书店

印刷/三河市国英印务有限公司

开本/880 毫米×1230 毫米　32 开　　　　印张/ 6.5　字数/ 108 千

版次/2022 年 5 月第 1 版　　　　2022 年 5 月第 1 次印刷

中国法制出版社出版

书号 ISBN 978-7-5216-2646-9　　　　定价：28.00 元

北京市西城区西便门西里甲 16 号西便门办公区

邮政编码：100053　　　　传真：010-63141600

网址：http：//www.zgfzs.com　　　　**编辑部电话：010-63141814**

市场营销部电话：010-63141612　　　　**印务部电话：010-63141606**

（如有印装质量问题，请与本社印务部联系。）